聋儿早期康复教育系列丛书

听力障碍儿童康复评估档案

孙喜斌　梁巍/主编

姓名：_____

机构：_____

中国聋儿康复研究中心
听力国际国家（中国）中心

华夏出版社
HUAXIA PUBLISHING HOUSE

图书在版编目(CIP)数据

听力障碍儿童康复评估档案/孙喜斌,梁巍主编.—北京:华夏出版社,2013.1(2014年重印)

(聋儿早期康复教育丛书)

ISBN 978-7-5080-7217-3

Ⅰ.①听… Ⅱ.①孙… ②梁… Ⅲ.①听力障碍-儿童-教育康复-评估-档案 Ⅳ.①G762.2

中国版本图书馆CIP数据核字(2012)第240491号

听力障碍儿童康复评估档案

主　　编	孙喜斌　梁　巍
责任编辑	曾令真
出版发行	华夏出版社
经　　销	新华书店
印　　刷	北京建筑工业印刷厂南厂
装　　订	三河市万龙印装有限公司
版　　次	2013年1月北京第1版 2014年4月北京第2次印刷
开　　本	787×1092　1/16开
印　　张	19.75
字　　数	465千字
插　　页	1
定　　价	38.00元

华夏出版社　网址:www.hxph.com.cn　地址:北京市东直门外香河园北里4号　邮编:100028
若发现本版图书有印装质量问题,请与我社营销中心联系调换。电话:(010)64663331(转)

聋儿早期康复教育系列丛书
编委会名单

编委会主任：聂　滨

编　　　委：孙喜斌　陈振声　万选蓉　梁　巍　刀维洁
　　　　　　黎　明　卢晓月　龙　墨

组编单位：中国聋儿康复研究中心
　　　　　　听力国际国家（中国）中心

听力障碍儿童康复评估档案

主　　编：孙喜斌　梁　巍

编　　者：周丽君　龙　墨　王　祺　张　莉　霍二冰
　　　　　王丽雁　郑文芳

前　言

　　《听力障碍儿童康复评估档案》和《听力障碍儿童康复教学记录》是聋儿个体听力语言康复、发展和教师、家长实施有效教学的真实记录，是听力语言康复实践的宝贵财富，是探索听障儿童听力语言康复规律，研究促进听障儿童个体发展有效方法的重要资源。为听障儿童实施康复评估，建立康复评估档案，开展康复教学记录，是我国听力语言康复工作努力提高听障儿童康复、教育质量，逐步实现规范化、标准化和科学化管理的重要举措。为听障儿童建立康复评估档案，组织实施康复教学记录，将作为全国正在实施的听力语言康复机构分类指导和验收管理工作的重要内容。

　　受全国残疾人康复工作办公室聋儿康复协调组的委托，中国聋儿康复研究中心知名的专家、教授和学者在认真吸收和总结了国内外听力语言康复临床实践经验的基础上，针对我国听障儿童听力语言康复教学实际需要编写的《听力障碍儿童康复评估档案》和《听力障碍儿童康复教学记录》，旨在为听觉障碍儿童的康复训练提供一套系统的听觉言语康复计划和与之配套的康复评估记录用表，以期不断引导和规范听力语言康复教学实践行为，形成有效的康复效能，实现听力语言康复实践经验的有序积累，切实提高全国听力语言康复工作的质量和水平。

编　者

2005.9.14

填 写 要 求

以档案的方式记录听障儿童听力语言康复的阶段性评估结果，它将为分析和监测听障儿童个体的发展情况和康复效果提供依据，各承担康复任务的机构及具体执行人必须按照如下的要求，认真做好听障儿童的康复评估工作。

一、有听障儿童基本情况、家庭情况、个体发育情况、听力测试结果以及术前听觉、语言、学习能力评估内容，必须如实填写，具体项目内容不得漏填、少填。听障儿童在使用本套档案前已有的评估记录，可按照本手册提供的格式重新抄录。以前缺少的项目需另行组织测查或测量后补填相关内容。

二、有条件的康复机构或组织，可建立配套的音像档案。文字档案内容要字迹工整，内容完整、详实；评估音像档案画面、语音要清晰，并单独编号。

三、针对人工耳蜗植入者，收训时建立术前听觉、言语及学习能力评估档案；术后每三个月进行一次听觉、言语评估；学习能力评估（智力测试）两次之间间隔半年以上；以上评估项目在正式填写时应在记录页上明确标明"术前"、"术后"字样；非人工耳蜗植入者，上述评估项目，每年至少进行两次测试。

四、"言语听觉反应评估"每三个月进行一次评估，该项评估操作材料和使用手册单独购买。

目 录

儿童基本情况…………………………………………………………（1）
家庭情况………………………………………………………………（1）
个体发育状况…………………………………………………………（2）
听力测试与助听器评估记录用表……………………………………（3）
听觉能力评估用表……………………………………………………（17）
语言能力评估记录用表………………………………………………（29）
学习能力评估记录用表………………………………………………（41）
言语听觉反应评估答题记录用表……………………………………（53）
学习起点评价记录用表………………………………………………（289）

儿童基本情况

收训日期：_____

姓　　名：_____　性　别：_____　民　族：_____

出生日期：_____年_____月_____日

户口所在地：_____

通讯地址：_____　邮编：_____

住宅电话：_____

耳聋诊断：□传导性耳聋　□感音神经性耳聋　□混合性耳聋

确诊时间：_____年_____月_____日　目前配戴的放大器：助听器□　人工耳蜗□

术前配戴助听器情况：□未配戴　□配戴时间：_____

人工耳蜗植入时间：_____年____月____日　开机时间：_____年____月____日

照片

家庭情况

父亲姓名：_____　民族：____　出生日期：_____　文化程度：____　职业：____

工作单位：_____　电话：_____

健康状况：□正常　□耳聋　□其它_____

母亲姓名：_____　民族：____　出生日期：_____　文化程度：____　职业：____

工作单位：_____　电话：_____

健康状况：□正常　□耳聋　□其它_____

其他抚养人姓名：_____　与儿童的关系：_____

个体发育状况

检查项目 评价记录 时间	身高		体重		牙齿		视力			头围		胸围		过敏史情况
	单位(cm)	评价	单位(kg)	评价	龋齿(颗)	评价	左	右	评价	cm	评价	cm	评价	

听力测试与助听器评估记录用表

听力测试

测试项目	脑干诱发电位（阈值 dB）	多频稳态电位（阈值 dB）	纯音听阈均值（dBHL）		视觉强化测听（dB HL/SPL）	
左耳						
右耳						
声导抗鼓室压图		A 型 □	B 型 □	C 型 □	其它□	
耳声发射				通过 □	不通过 □	

助听器评估报告

评估日期：_____年___月___日

听力计型号：____ 声强标准：SPL□ HL□

测试音：□纯音　□啭音　□窄带噪音　□滤波复合音

左 耳　　　　　　　　　　　　　右 耳

助听器处方

	项目	左耳	右耳
	助听器种类		
	厂牌/型号		
	系列号		
	耳模/声孔		
设置参数	音调		
	音量		
	放大类型		
	保留增益		
	声输出控制		
	助听效果		

验配单位：_____

2　听力测试

测试项目	脑干诱发电位（阈值 dB）	多频稳态电位（阈值 dB）	纯音听阈均值（dBHL）	视觉强化测听（dB HL/SPL）
左耳				
右耳				
声导抗鼓室压图	A 型 □	B 型 □	C 型 □	其它 □
耳声发射			通过 □	不通过 □

助听器评估报告

评估日期：_____年____月____日

听力计型号：_____　声强标准：SPL□ HL□

测试音：□纯音　□啭音　□窄带噪音　□滤波复合音

左　耳　　　　　　　　　　　右　耳

助听器处方

项目		左耳	右耳
助听器种类			
厂牌/型号			
系列号			
耳模/声孔			
设置参数	音调		
	音量		
放大类型			
保留增益			
声输出控制			
助听效果			

验配单位：_____

听力测试

测试项目	脑干诱发电位（阈值 dB）	多频稳态电位（阈值 dB）	纯音听阈均值（dBHL）		视觉强化测听（dB HL/SPL）	
左耳						
右耳						
声导抗鼓室压图		A 型 □	B 型 □	C 型 □	其它 □	
耳声发射				通过 □	不通过 □	

助听器评估报告

评估日期：_____年___月___日

听力计型号：____ 声强标准：SPL□ HL□

测试音：□纯音 □啭音 □窄带噪音 □滤波复合音

左 耳　　　　　　　　　　　右 耳

助听器处方

项目		左耳	右耳
助听器种类			
厂牌/型号			
系列号			
耳模/声孔			
设置参数	音调		
	音量		
放大类型			
保留增益			
声输出控制			
助听效果			

验配单位：_____

4 听力测试

测试项目	脑干诱发电位（阈值 dB）	多频稳态电位（阈值 dB）	纯音听阈均值（dBHL）		视觉强化测听（dB HL/SPL）
左耳					
右耳					
声导抗鼓室压图		A 型 □	B 型 □	C 型 □	其它 □
耳声发射				通过 □	不通过 □

助听器评估报告

评估日期：_____年___月___日

听力计型号：____ 声强标准：SPL□ HL□

测试音：□纯音　□啭音　□窄带噪音　□滤波复合音

左　耳　　　　　　　　　右　耳

助听器处方

	项目	左耳	右耳
	助听器种类		
	厂牌/型号		
	系列号		
	耳模/声孔		
设置参数	音调		
	音量		
	放大类型		
	保留增益		
	声输出控制		
	助听效果		

验配单位：_____

听力测试

测试项目	脑干诱发电位（阈值dB）	多频稳态电位（阈值dB）	纯音听阈均值（dBHL）		视觉强化测听（dB HL/SPL）	
左耳						
右耳						
声导抗鼓室压图		A型 □	B型 □	C型 □	其它 □	
耳声发射				通过 □	不通过 □	

助听器评估报告

评估日期：_____年___月___日

听力计型号：____ 声强标准：SPL□ HL□

测试音：□纯音 □啭音 □窄带噪音 □滤波复合音

左耳　　　　　　　　　　　　　右耳

助听器处方

	项目	左耳	右耳
	助听器种类		
	厂牌/型号		
	系列号		
	耳模/声孔		
设置参数	音调		
	音量		
	放大类型		
	保留增益		
	声输出控制		
	助听效果		

验配单位：_____

6 听力测试

测试项目	脑干诱发电位（阈值 dB）	多频稳态电位（阈值 dB）	纯音听阈均值（dBHL）	视觉强化测听（dB HL/SPL）
左耳				
右耳				
声导抗鼓室压图	A 型 □	B 型 □	C 型 □	其它 □
耳声发射			通过 □	不通过 □

助听器评估报告

评估日期：_____年___月___日

听力计型号：____ 声强标准：SPL□ HL□

测试音：□纯音 □啭音 □窄带噪音 □滤波复合音

左耳　　　　　　　　　　　　　右耳

助听器处方

项目		左耳	右耳
助听器种类			
厂牌/型号			
系列号			
耳模/声孔			
设置参数	音调		
	音量		
放大类型			
保留增益			
声输出控制			
助听效果			

验配单位：_____

听力测试

测试项目	脑干诱发电位（阈值 dB）	多频稳态电位（阈值 dB）	纯音听阈均值（dBHL）		视觉强化测听（dB HL/SPL）	
左耳						
右耳						
声导抗鼓室压图		A 型 □	B 型 □	C 型 □	其它 □	
耳声发射				通过 □	不通过 □	

助听器评估报告

评估日期：_____年___月___日
听力计型号：____ 声强标准：SPL□ HL□
测试音：□纯音 □啭音 □窄带噪音 □滤波复合音

左耳　　　　　　　　　　　　　　右耳

助听器处方

	项目	左耳				右耳			
	助听器种类								
	厂牌/型号								
	系列号								
	耳模/声孔								
设置参数	音调								
	音量								
	放大类型								
	保留增益								
	声输出控制								
	助听效果								

验配单位：_____

听力测试 8

测试项目	脑干诱发电位（阈值 dB）	多频稳态电位（阈值 dB）	纯音听阈均值（dBHL）	视觉强化测听（dB HL/SPL）
左耳				
右耳				
声导抗鼓室压图	A 型 □	B 型 □	C 型 □	其它 □
耳声发射			通过 □	不通过 □

助听器评估报告

评估日期：_____年___月___日

听力计型号：___ 声强标准：SPL□ HL□

测试音：□纯音 □啭音 □窄带噪音 □滤波复合音

左 耳　　　　　　　　　　右 耳

助听器处方

项目		左耳				右耳			
助听器种类									
厂牌/型号									
系列号									
耳模/声孔									
设置参数	音调								
	音量								
放大类型									
保留增益									
声输出控制									
助听效果									

验配单位：_____

听力测试

测试项目	脑干诱发电位（阈值 dB）	多频稳态电位（阈值 dB）	纯音听阈均值（dBHL）		视觉强化测听（dB·HL/SPL）	
左耳						
右耳						
声导抗鼓室压图		A 型 □	B 型 □	C 型 □	其它 □	
耳声发射				通过 □	不通过 □	

助听器评估报告

评估日期：_____年___月___日

听力计型号：____ 声强标准：SPL□ HL□

测试音：□纯音　□啭音　□窄带噪音　□滤波复合音

左耳　　　　　　　　　　　　　　　右耳

助听器处方

	项目	左耳		右耳	
	助听器种类				
	厂牌/型号				
	系列号				
	耳模/声孔				
设置参数	音调				
	音量				
	放大类型				
	保留增益				
	声输出控制				
	助听效果				

验配单位：_____

听力测试

测试项目	脑干诱发电位（阈值 dB）	多频稳态电位（阈值 dB）	纯音听阈均值（dBHL）	视觉强化测听（dB HL/SPL）
左耳				
右耳				
声导抗鼓室压图	A 型 □	B 型 □	C 型 □	其它 □
耳声发射			通过 □	不通过 □

助听器评估报告

评估日期：_____ 年 ___ 月 ___ 日

听力计型号：___ 声强标准：SPL□ HL□

测试音：□纯音　□啭音　□窄带噪音　□滤波复合音

左 耳　　　　　　　　　　　　右 耳

助听器处方

项目		左耳			右耳		
助听器种类							
厂牌/型号							
系列号							
耳模/声孔							
设置参数	音调						
	音量						
放大类型							
保留增益							
声输出控制							
助听效果							

验配单位：_____

听力测试

测试项目	脑干诱发电位（阈值 dB）	多频稳态电位（阈值 dB）	纯音听阈均值（dBHL）	视觉强化测听（dB HL/SPL）
左耳				
右耳				
声导抗鼓室压图	A 型 □	B 型 □	C 型 □	其它□
耳声发射			通过 □	不通过 □

助听器评估报告

评估日期：_____年___月___日

听力计型号：____ 声强标准：SPL□ HL□

测试音：□纯音　□啭音　□窄带噪音　□滤波复合音

左耳　　　　　　　　　　　　　右耳

助听器处方

项目		左耳	右耳
助听器种类			
厂牌/型号			
系列号			
耳模/声孔			
设置参数	音调		
	音量		
放大类型			
保留增益			
声输出控制			
助听效果			

验配单位：_____

听力测试 ⑫

测试项目	脑干诱发电位（阈值 dB）	多频稳态电位（阈值 dB）	纯音听阈均值（dBHL）	视觉强化测听（dB HL/SPL）
左耳				
右耳				
声导抗鼓室压图	A 型 □	B 型 □	C 型 □	其它 □
耳声发射			通过 □	不通过 □

助听器评估报告

评估日期：_____ 年 ___ 月 ___ 日

听力计型号：____ 声强标准：SPL□ HL□

测试音：□纯音 □啭音 □窄带噪音 □滤波复合音

左耳　　　　　　　　　　　　　右耳

助听器处方

项目		左耳	右耳
助听器种类			
厂牌/型号			
系列号			
耳模/声孔			
设置参数	音调		
	音量		
放大类型			
保留增益			
声输出控制			
助听效果			

验配单位：_____

听觉能力评估用表

听觉能力评估

| 1 | | | |

评估日期：_____　　　　　　　　　　训练时间：_____
评估教师：_____　　　　　　　　　　测试环境：_____

评估内容		错误走向记录（正确）——（错误）	最大识别率
自然环境声响识别			
语音识别	韵母识别		
	声母识别		
数字识别			
声调识别			
单音节词识别			
双音节词识别			
三音节词识别			
短句识别			
选择性听取			
听觉康复级别		平均成绩	
康复建议			

录像档案编号：_____

听觉能力评估

评估日期：_____ 训练时间：_____
评估教师：_____ 测试环境：_____

评估内容		错误走向记录（正确）——（错误）	最大识别率
自然环境声响识别			
语音识别	韵母识别		
	声母识别		
数字识别			
声调识别			
单音节词识别			
双音节词识别			
三音节词识别			
短句识别			
选择性听取			
听觉康复级别		平均成绩	
康复建议			

录像档案编号：_____

听觉能力评估

3

评估日期：_____　　　　　　　　　　　训练时间：_____
评估教师：_____　　　　　　　　　　　测试环境：_____

评估内容		错误走向记录（正确）——（错误）	最大识别率
自然环境声响识别			
语音识别	韵母识别		
	声母识别		
数字识别			
声调识别			
单音节词识别			
双音节词识别			
三音节词识别			
短句识别			
选择性听取			
听觉康复级别		平均成绩	
康复建议			

录像档案编号：_____

4 听觉能力评估

评估日期：_____　　　　　　　　训练时间：_____
评估教师：_____　　　　　　　　测试环境：_____

评估内容		错误走向记录（正确）——（错误）	最大识别率
自然环境声响识别			
语音识别	韵母识别		
	声母识别		
数字识别			
声调识别			
单音节词识别			
双音节词识别			
三音节词识别			
短句识别			
选择性听取			
听觉康复级别		平均成绩	
康复建议			

录像档案编号：_____

听觉能力评估

|5|

评估日期：_____　　　　　　　　训练时间：_____
评估教师：_____　　　　　　　　测试环境：_____

评估内容		错误走向记录（正确）——（错误）	最大识别率
自然环境声响识别			
语音识别	韵母识别		
	声母识别		
数字识别			
声调识别			
单音节词识别			
双音节词识别			
三音节词识别			
短句识别			
选择性听取			
听觉康复级别		平均成绩	
康复建议			

录像档案编号：_____

听觉能力评估

6

评估日期：_____ 　　　　　　　　训练时间：_____
评估教师：_____ 　　　　　　　　测试环境：_____

评估内容		错误走向记录（正确）——（错误）	最大识别率
自然环境声响识别			
语音识别	韵母识别		
	声母识别		
数字识别			
声调识别			
单音节词识别			
双音节词识别			
三音节词识别			
短句识别			
选择性听取			
听觉康复级别		平均成绩	
康复建议			

录像档案编号：_____

听觉能力评估

| 7 | | | |

评估日期：_____ 　　　　　　　训练时间：_____
评估教师：_____ 　　　　　　　测试环境：_____

评估内容		错误走向记录（正确）——（错误）	最大识别率
自然环境声响识别			
语音识别	韵母识别		
	声母识别		
数字识别			
声调识别			
单音节词识别			
双音节词识别			
三音节词识别			
短句识别			
选择性听取			
听觉康复级别		平均成绩	
康复建议			

录像档案编号：_____

8 听觉能力评估

评估日期：_____   训练时间：_____
评估教师：_____   测试环境：_____

评估内容		错误走向记录（正确）——（错误）	最大识别率
自然环境声响识别			
语音识别	韵母识别		
	声母识别		
数字识别			
声调识别			
单音节词识别			
双音节词识别			
三音节词识别			
短句识别			
选择性听取			
听觉康复级别		平均成绩	
康复建议			

录像档案编号：_____

听觉能力评估

|9|

评估日期：_____   训练时间：_____
评估教师：_____   测试环境：_____

评估内容		错误走向记录（正确）——（错误）	最大识别率
自然环境声响识别			
语音识别	韵母识别		
	声母识别		
数字识别			
声调识别			
单音节词识别			
双音节词识别			
三音节词识别			
短句识别			
选择性听取			
听觉康复级别		平均成绩	
康复建议			

录像档案编号：_____

语言能力评估记录用表

语言能力评估

1				

评估日期：_____   训练时间：_____
评估教师：_____   测试环境：_____

评估内容	测试记录	测试结果	语言年龄
语音清晰度（%）			
词汇量			
语法能力 （模仿句长）			
理解能力 （听话识图）			
表达能力 （看图说话）			
交往能力 （主题对话）			
语言康复级别		平均综合语言年龄能力	
康复建议			

录像档案编号：_____

2 语言能力评估

评估日期：_____　　　　　　　　　　训练时间：_____
评估教师：_____　　　　　　　　　　测试环境：_____

评估内容	测试记录	测试结果	语言年龄
语音清晰度（%）			
词汇量			
语法能力（模仿句长）			
理解能力（听话识图）			
表达能力（看图说话）			
交往能力（主题对话）			
语言康复级别		平均综合语言年龄能力	
康复建议			

录像档案编号：_____

语言能力评估

|3|

评估日期：_____ 训练时间：_____
评估教师：_____ 测试环境：_____

评估内容	测试记录	测试结果	语言年龄
语音清晰度（%）			
词汇量			
语法能力 （模仿句长）			
理解能力 （听话识图）			
表达能力 （看图说话）			
交往能力 （主题对话）			
语言康复级别		平均综合语言年龄能力	
康复建议			

录像档案编号：_____

4 语言能力评估

评估日期：_____　　　　　　　　　　训练时间：_____
评估教师：_____　　　　　　　　　　测试环境：_____

评估内容	测试记录	测试结果	语言年龄
语音清晰度（%）			
词汇量			
语法能力（模仿句长）			
理解能力（听话识图）			
表达能力（看图说话）			
交往能力（主题对话）			
语言康复级别		平均综合语言年龄能力	
康复建议			

录像档案编号：_____

语言能力评估

| 5 | | | | |

评估日期：_____　　　　　　　　　训练时间：_____
评估教师：_____　　　　　　　　　测试环境：_____

评估内容	测试记录	测试结果	语言年龄
语音清晰度（%）			
词汇量			
语法能力（模仿句长）			
理解能力（听话识图）			
表达能力（看图说话）			
交往能力（主题对话）			
语言康复级别		平均综合语言年龄能力	
康复建议			

录像档案编号：_____

6 语言能力评估

评估日期：_____　　　　　　　　　训练时间：_____
评估教师：_____　　　　　　　　　测试环境：_____

评估内容	测试记录	测试结果	语言年龄
语音清晰度（%）			
词汇量			
语法能力（模仿句长）			
理解能力（听话识图）			
表达能力（看图说话）			
交往能力（主题对话）			
语言康复级别		平均综合语言年龄能力	
康复建议			

录像档案编号：_____

语言能力评估

| 7 |

评估日期：_____ 训练时间：_____
评估教师：_____ 测试环境：_____

评估内容	测试记录	测试结果	语言年龄
语音清晰度（%）			
词汇量			
语法能力（模仿句长）			
理解能力（听话识图）			
表达能力（看图说话）			
交往能力（主题对话）			
语言康复级别		平均综合语言年龄能力	
康复建议			

录像档案编号：_____

8 语言能力评估

评估日期：_____ 　　　　　　　训练时间：_____
评估教师：_____ 　　　　　　　测试环境：_____

评估内容	测试记录	测试结果	语言年龄
语音清晰度（％）			
词汇量			
语法能力（模仿句长）			
理解能力（听话识图）			
表达能力（看图说话）			
交往能力（主题对话）			
语言康复级别		平均综合语言年龄能力	
康复建议			

录像档案编号：_____

语言能力评估

9				

评估日期：_____ 　　　　　　　　　　训练时间：_____
评估教师：_____ 　　　　　　　　　　测试环境：_____

评估内容	测试记录	测试结果	语言年龄
语音清晰度（%）			
词汇量			
语法能力 （模仿句长）			
理解能力 （听话识图）			
表达能力 （看图说话）			
交往能力 （主题对话）			
语言康复级别		平均综合语言年龄能力	
康复建议			

录像档案编号：_____

学习能力评估记录用表

学习能力评估

1								

评估日期：_____　　　　　　　　　　术前训练时间：_____
评估教师：_____　　　　　　　　　　测试环境：_____

测试内容	穿珠	记颜色	辨认图	联想	折纸	短记忆力	摆方木	完成图
原始得分								
单项智龄								
18-0	·	·	·	·	·	·	·	·
17-6	·	·	·	·	·	·	·	·
17-0	·	·	·	·	·	·	·	·
16-6	·	·	·	·	·	·	·	·
16-0	·	·	·	·	·	·	·	·
15-6	·	·	·	·	·	·	·	·
15-0	·	·	·	·	·	·	·	·
14-6	·	·	·	·	·	·	·	·
14-0	·	·	·	·	·	·	·	·
13-6	·	·	·	·	·	·	·	·
13-0	·	·	·	·	·	·	·	·
12-6	·	·	·	·	·	·	·	·
12-0	·	·	·	·	·	·	·	·
11-6	·	·	·	·	·	·	·	·
11-0	·	·	·	·	·	·	·	·
10-6	·	·	·	·	·	·	·	·
10-0	·	·	·	·	·	·	·	·
9-6	·	·	·	·	·	·	·	·
9-0	·	·	·	·	·	·	·	·
8-6	·	·	·	·	·	·	·	·
8-0	·	·	·	·	·	·	·	·
7-6	·	·	·	·	·	·	·	·
7-0	·	·	·	·	·	·	·	·
6-6	·	·	·	·	·	·	·	·
6-0	·	·	·	·	·	·	·	·
5-6	·	·	·	·	·	·	·	·
5-0	·	·	·	·	·	·	·	·
4-6	·	·	·	·	·	·	·	·
4-0	·	·	·	·	·	·	·	·
3-6	·	·	·	·	·	·	·	·
3-0	·	·	·	·	·	·	·	·
2-6	·	·	·	·	·	·	·	·

实际年龄：_____　　智商/学习能力商
中位智龄：_____　　_____
临床诊断：_____　　百分位数：___ %

优势项	劣势项

综合分析

康复建议：

学习能力评估

2

评估日期：_____ 术前训练时间：_____
评估教师：_____ 测试环境：_____

测试内容	穿珠	记颜色	辨认图	联想	折纸	短记忆力	摆方木	完成图
原始得分								
单项智龄								
18-0	.	.	.	.	.	.	.	.
17-6	.	.	.	.	.	.	.	.
17-0	.	.	.	.	.	.	.	.
16-6	.	.	.	.	.	.	.	.
16-0	.	.	.	.	.	.	.	.
15-6	.	.	.	.	.	.	.	.
15-0	.	.	.	.	.	.	.	.
14-6	.	.	.	.	.	.	.	.
14-0	.	.	.	.	.	.	.	.
13-6	.	.	.	.	.	.	.	.
13-0	.	.	.	.	.	.	.	.
12-6	.	.	.	.	.	.	.	.
12-0	.	.	.	.	.	.	.	.
11-6	.	.	.	.	.	.	.	.
11-0	.	.	.	.	.	.	.	.
10-6	.	.	.	.	.	.	.	.
10-0	.	.	.	.	.	.	.	.
9-6	.	.	.	.	.	.	.	.
9-0	.	.	.	.	.	.	.	.
8-6	.	.	.	.	.	.	.	.
8-0	.	.	.	.	.	.	.	.
7-6	.	.	.	.	.	.	.	.
7-0	.	.	.	.	.	.	.	.
6-6	.	.	.	.	.	.	.	.
6-0	.	.	.	.	.	.	.	.
5-6	.	.	.	.	.	.	.	.
5-0	.	.	.	.	.	.	.	.
4-6	.	.	.	.	.	.	.	.
4-0	.	.	.	.	.	.	.	.
3-6	.	.	.	.	.	.	.	.
3-0	.	.	.	.	.	.	.	.
2-6	.	.	.	.	.	.	.	.

实际年龄：_____   智商/学习能力商
中位智龄：_____   _____
临床诊断：_____   百分位数：____%

优势项	劣势项

综合分析

康复建议

学习能力评估

<small>3</small>

评估日期：_____ 术前训练时间：_____
评估教师：_____ 测试环境：_____

测试内容	穿珠	记颜色	辨认图	联想	折纸	短记忆力	摆方木	完成图
原始得分								
单项智龄								
18-0	.	.	.	.	.	.	.	.
17-6	.	.	.	.	.	.	.	.
17-0	.	.	.	.	.	.	.	.
16-6	.	.	.	.	.	.	.	.
16-0	.	.	.	.	.	.	.	.
15-6	.	.	.	.	.	.	.	.
15-0	.	.	.	.	.	.	.	.
14-6	.	.	.	.	.	.	.	.
14-0	.	.	.	.	.	.	.	.
13-6	.	.	.	.	.	.	.	.
13-0	.	.	.	.	.	.	.	.
12-6	.	.	.	.	.	.	.	.
12-0	.	.	.	.	.	.	.	.
11-6	.	.	.	.	.	.	.	.
11-0	.	.	.	.	.	.	.	.
10-6	.	.	.	.	.	.	.	.
10-0	.	.	.	.	.	.	.	.
9-6	.	.	.	.	.	.	.	.
9-0	.	.	.	.	.	.	.	.
8-6	.	.	.	.	.	.	.	.
8-0	.	.	.	.	.	.	.	.
7-6	.	.	.	.	.	.	.	.
7-0	.	.	.	.	.	.	.	.
6-6	.	.	.	.	.	.	.	.
6-0	.	.	.	.	.	.	.	.
5-6	.	.	.	.	.	.	.	.
5-0	.	.	.	.	.	.	.	.
4-6	.	.	.	.	.	.	.	.
4-0	.	.	.	.	.	.	.	.
3-6	.	.	.	.	.	.	.	.
3-0	.	.	.	.	.	.	.	.
2-6	.	.	.	.	.	.	.	.

实际年龄：_____ 智商/学习能力商
中位智龄：_____ _____
临床诊断：_____ 百分位数：____%

优势项	劣势项

综合分析

康复建议

4 学习能力评估

评估日期：_____　　　　　　　　　　　术前训练时间：_____
评估教师：_____　　　　　　　　　　　测试环境：_____

测试内容	穿珠	记颜色	辨认图	联想	折纸	短记忆力	摆方木	完成图
原始得分								
单项智龄								
18-0	.	.	.	.	.	.	.	.
17-6	.	.	.	.	.	.	.	.
17-0	.	.	.	.	.	.	.	.
16-6	.	.	.	.	.	.	.	.
16-0	.	.	.	.	.	.	.	.
15-6	.	.	.	.	.	.	.	.
15-0	.	.	.	.	.	.	.	.
14-6	.	.	.	.	.	.	.	.
14-0	.	.	.	.	.	.	.	.
13-6	.	.	.	.	.	.	.	.
13-0	.	.	.	.	.	.	.	.
12-6	.	.	.	.	.	.	.	.
12-0	.	.	.	.	.	.	.	.
11-6	.	.	.	.	.	.	.	.
11-0	.	.	.	.	.	.	.	.
10-6	.	.	.	.	.	.	.	.
10-0	.	.	.	.	.	.	.	.
9-6	.	.	.	.	.	.	.	.
9-0	.	.	.	.	.	.	.	.
8-6	.	.	.	.	.	.	.	.
8-0	.	.	.	.	.	.	.	.
7-6	.	.	.	.	.	.	.	.
7-0	.	.	.	.	.	.	.	.
6-6	.	.	.	.	.	.	.	.
6-0	.	.	.	.	.	.	.	.
5-6	.	.	.	.	.	.	.	.
5-0	.	.	.	.	.	.	.	.
4-6	.	.	.	.	.	.	.	.
4-0	.	.	.	.	.	.	.	.
3-6	.	.	.	.	.	.	.	.
3-0	.	.	.	.	.	.	.	.
2-6	.	.	.	.	.	.	.	.

实际年龄：_____　　智商/学习能力商_____
中位智龄：_____
临床诊断：_____　　百分位数：____%

优势项	劣势项

综合分析

康复建议

学习能力评估

5

评估日期：_____　　　　　　　　　术前训练时间：_____
评估教师：_____　　　　　　　　　测试环境：_____

测试内容	穿珠	记颜色	辨认图	联想	折纸	短记忆力	摆方木	完成图
原始得分								
单项智龄								
18-0	.	.	.	.	.	.	.	.
17-6	.	.	.	.	.	.	.	.
17-0	.	.	.	.	.	.	.	.
16-6	.	.	.	.	.	.	.	.
16-0	.	.	.	.	.	.	.	.
15-6	.	.	.	.	.	.	.	.
15-0	.	.	.	.	.	.	.	.
14-6	.	.	.	.	.	.	.	.
14-0	.	.	.	.	.	.	.	.
13-6	.	.	.	.	.	.	.	.
13-0	.	.	.	.	.	.	.	.
12-6	.	.	.	.	.	.	.	.
12-0	.	.	.	.	.	.	.	.
11-6	.	.	.	.	.	.	.	.
11-0	.	.	.	.	.	.	.	.
10-6	.	.	.	.	.	.	.	.
10-0	.	.	.	.	.	.	.	.
9-6	.	.	.	.	.	.	.	.
9-0	.	.	.	.	.	.	.	.
8-6	.	.	.	.	.	.	.	.
8-0	.	.	.	.	.	.	.	.
7-6	.	.	.	.	.	.	.	.
7-0	.	.	.	.	.	.	.	.
6-6	.	.	.	.	.	.	.	.
6-0	.	.	.	.	.	.	.	.
5-6	.	.	.	.	.	.	.	.
5-0	.	.	.	.	.	.	.	.
4-6	.	.	.	.	.	.	.	.
4-0	.	.	.	.	.	.	.	.
3-6	.	.	.	.	.	.	.	.
3-0	.	.	.	.	.	.	.	.
2-6	.	.	.	.	.	.	.	.

实际年龄：_____　　智商/学习能力商
中位智龄：_____　　_____
临床诊断：_____　　百分位数：____%

优势项	劣势项

综合分析

康复建议

6 学习能力评估

评估日期：_____　　　　　　　　　　术前训练时间：_____
评估教师：_____　　　　　　　　　　测试环境：_____

测试内容	穿珠	记颜色	辨认图	联想	折纸	短记忆力	摆方木	完成图
原始得分								
单项智龄								
18－0								
17－6								
17－0								
16－6								
16－0								
15－6								
15－0								
14－6								
14－0								
13－6								
13－0								
12－6								
12－0								
11－6								
11－0								
10－6								
10－0								
9－6								
9－0								
8－6								
8－0								
7－6								
7－0								
6－6								
6－0								
5－6								
5－0								
4－6								
4－0								
3－6								
3－0								
2－6								

实际年龄：_____　　　智商/学习能力商
中位智龄：_____　　　_____
临床诊断：_____　　　百分位数：____%

优势项	劣势项

综合分析

康复建议

学习能力评估

| 7 | | | | | | | | |

评估日期：_____   　　　术前训练时间：_____
评估教师：_____   　　　测试环境：_____

测试内容	穿珠	记颜色	辨认图	联想	折纸	短记忆力	摆方木	完成图
原始得分								
单项智龄								
18-0	.	.	.	.	.	.	.	.
17-6	.	.	.	.	.	.	.	.
17-0	.	.	.	.	.	.	.	.
16-6	.	.	.	.	.	.	.	.
16-0	.	.	.	.	.	.	.	.
15-6	.	.	.	.	.	.	.	.
15-0	.	.	.	.	.	.	.	.
14-6	.	.	.	.	.	.	.	.
14-0	.	.	.	.	.	.	.	.
13-6	.	.	.	.	.	.	.	.
13-0	.	.	.	.	.	.	.	.
12-6	.	.	.	.	.	.	.	.
12-0	.	.	.	.	.	.	.	.
11-6	.	.	.	.	.	.	.	.
11-0	.	.	.	.	.	.	.	.
10-6	.	.	.	.	.	.	.	.
10-0	.	.	.	.	.	.	.	.
9-6	.	.	.	.	.	.	.	.
9-0	.	.	.	.	.	.	.	.
8-6	.	.	.	.	.	.	.	.
8-0	.	.	.	.	.	.	.	.
7-6	.	.	.	.	.	.	.	.
7-0	.	.	.	.	.	.	.	.
6-6	.	.	.	.	.	.	.	.
6-0	.	.	.	.	.	.	.	.
5-6	.	.	.	.	.	.	.	.
5-0	.	.	.	.	.	.	.	.
4-6	.	.	.	.	.	.	.	.
4-0	.	.	.	.	.	.	.	.
3-6	.	.	.	.	.	.	.	.
3-0	.	.	.	.	.	.	.	.
2-6	.	.	.	.	.	.	.	.

实际年龄：_____ 　　智商/学习能力商
中位智龄：_____ 　　_____
临床诊断：_____ 　　百分位数：____%

优势项	劣势项

综合分析

康复建议

| 8 | | | | | | | | 学习能力评估 | | |

评估日期：_____　　　　　　　　　　　　　术前训练时间：_____
评估教师：_____　　　　　　　　　　　　　测试环境：_____

测试内容	穿珠	记颜色	辨认图	联想	折纸	短记忆力	摆方木	完成图
原始得分								
单项智龄								
18-0	.	.	.	.	.	.	.	.
17-6								
17-0								
16-6								
16-0								
15-6								
15-0								
14-6								
14-0	.	.	.	.	.	.	.	.
13-6	.	.	.	.	.	.	.	.
13-0	.	.	.	.	.	.	.	.
12-6	.	.	.	.	.	.	.	.
12-0	.	.	.	.	.	.	.	.
11-6	.	.	.	.	.	.	.	.
11-0	.	.	.	.	.	.	.	.
10-6	.	.	.	.	.	.	.	.
10-0	.	.	.	.	.	.	.	.
9-6	.	.	.	.	.	.	.	.
9-0	.	.	.	.	.	.	.	.
8-6	.	.	.	.	.	.	.	.
8-0	.	.	.	.	.	.	.	.
7-6	.	.	.	.	.	.	.	.
7-0	.	.	.	.	.	.	.	.
6-6	.	.	.	.	.	.	.	.
6-0	.	.	.	.	.	.	.	.
5-6	.	.	.	.	.	.	.	.
5-0	.	.	.	.	.	.	.	.
4-6	.	.	.	.	.	.	.	.
4-0	.	.	.	.	.	.	.	.
3-6	.	.	.	.	.	.	.	.
3-0	.	.	.	.	.	.	.	.
2-6	.	.	.	.	.	.	.	.

实际年龄：_____　　智商/学习能力商
中位智龄：_____　　_____
临床诊断：_____　　百分位数：____%

优势项	劣势项

综合分析

康复建议

学习能力评估

| 9 | | | | | | | | |

评估日期：_____   术前训练时间：_____
评估教师：_____   测试环境：_____

测试内容	穿珠	记颜色	辨认图	联想	折纸	短记忆力	摆方木	完成图
原始得分								
单项智龄								
18-0	.	.	.	.	.	.	.	.
17-6	.	.	.	.	.	.	.	.
17-0	.	.	.	.	.	.	.	.
16-6	.	.	.	.	.	.	.	.
16-0	.	.	.	.	.	.	.	.
15-6	.	.	.	.	.	.	.	.
15-0	.	.	.	.	.	.	.	.
14-6	.	.	.	.	.	.	.	.
14-0	.	.	.	.	.	.	.	.
13-6	.	.	.	.	.	.	.	.
13-0	.	.	.	.	.	.	.	.
12-6	.	.	.	.	.	.	.	.
12-0	.	.	.	.	.	.	.	.
11-6	.	.	.	.	.	.	.	.
11-0	.	.	.	.	.	.	.	.
10-6	.	.	.	.	.	.	.	.
10-0	.	.	.	.	.	.	.	.
9-6	.	.	.	.	.	.	.	.
9-0	.	.	.	.	.	.	.	.
8-6	.	.	.	.	.	.	.	.
8-0	.	.	.	.	.	.	.	.
7-6	.	.	.	.	.	.	.	.
7-0	.	.	.	.	.	.	.	.
6-6	.	.	.	.	.	.	.	.
6-0	.	.	.	.	.	.	.	.
5-6	.	.	.	.	.	.	.	.
5-0	.	.	.	.	.	.	.	.
4-6	.	.	.	.	.	.	.	.
4-0	.	.	.	.	.	.	.	.
3-6	.	.	.	.	.	.	.	.
3-0	.	.	.	.	.	.	.	.
2-6	.	.	.	.	.	.	.	.

实际年龄：_____   智商/学习能力商
中位智龄：_____   _____
临床诊断：_____   百分位数：____%

优势项	劣势项

综合分析

康复建议

言语听觉反应评估答题记录用表

1

左耳：助听器____ 人工耳蜗____ ；右耳：助听器____ 人工耳蜗____
开机年月_____
测试时间间隔_____ 测试日期_____ 施测者姓名_____

环境声音问卷

室内	察觉	识别
音乐声		
电话铃声		
门铃声		
敲门声		
撕纸声		
吸尘器吸尘声		
洗衣机声		
器皿声		
剪刀剪物声		
微波炉声		
室外	察觉	识别
警报声（救护车声、警铃）		
飞机声		
汽车叫声		
脚步声		
鸟鸣声		
狗吠声		
人发出的声音	察觉	识别
说话声		
打喷嚏声		
咳嗽声		
笑声		

得分： 总察觉得分： 总识别得分：

N（从来没有/不知道）0
S（有时候）1
A（一直）2
总得分：
N（从来没有/不知道）0-5
NA=声音没有呈现给儿童
S（有时候）6-30
A（一直）31-40（或者所有项的得分都为2）

测试时间间隔_____　　测试日期_____　　施测者姓名_____

听觉发展测试答题卡

行为	直接观察	间接观察
对环境声音的反应		
对环境声音的识别		
对鼓声的反应：引发的		
对2种乐器声音的反应：引发的		
对声音的反应：引发的		
自发的		
区分两种乐器声		
区分：鼓声大/小		
单一/重复鼓声		
对林氏五音的反应		
a		
i		
u		
sh		
s		
区分：语言声大/小		
单一/重复语言声		
长/短语言声		
区分林氏五音		
区分家庭中两个不同的名字		
在安静状态下区分自己的名字		

记分：　　　　　　　　　得分：

N（从不）　0　　　　　手术前：_____　　　　配戴6个月：_____

S（有时）　1　　　　　第一次配戴：_____　　　配戴12个月：_____

A（一直）　2　　　　　配戴1个月：_____　　　配戴18个月：_____

　　　　　　　　　　　配戴3个月：_____　　　配戴24个月：_____

测试时间间隔_____　　测试日期_____　　施测者姓名_____

音节测试答题卡

音节测试答题卡（12项）

12个单词，每个单词随机呈现两次。
随机列表：_____

反应＼刺激	没有反应	鱼	牛	树	花	猴子	蝴蝶	大象	香蕉	电视机	长颈鹿	西红柿	小白兔
鱼													
牛													
树													
花													
猴子													
蝴蝶													
大象													
香蕉													
电视机													
长颈鹿													
西红柿													
小白兔													
指认错误 模仿正确													

正确识别音节数：_____　（24）
正确识别单词数：_____　（24）

测试时间间隔_____   测试日期_____   施测者姓名_____

音节测试答题卡（6项）

6个单词，每个单词随机呈现三次。

随机列表：_____

反应 刺激	没有反应	鱼	牛	猴子	大象	小白兔	西红柿
鱼							
牛							
猴子							
大象							
小白兔							
西红柿							
指认错误 模仿正确							

正确识别音节数：_____（18）

正确识别单词数：_____（18）

测试时间间隔_____　　测试日期_____　　施测者姓名_____

音节测试答题卡（3项）

3个单词，每个单词随机呈现四次

随机列表：_____

反应＼刺激	没有反应	鱼	大象	西红柿
鱼				
大象				
西红柿				
指认错误 模仿正确				

正确识别音节数：_____（12）

正确识别单词数：_____（12）

测试时间间隔_____   测试日期_____   施测者姓名_____

封闭式单音节测试答题卡

封闭式单音节测试答题卡（12项）

12个单词，每个单词随机呈现两次。
随机列表：_____

反应＼刺激	没有反应	球	鞋	猫	船	灯	勺	鸭	猪	牛	笔	马	树
球													
鞋													
猫													
船													
灯													
勺													
鸭													
猪													
牛													
笔													
马													
树													
指认错误模仿正确													

正确识别单词数：_____（24）

言语听觉反应评估答题记录用表 ·61·

测试时间间隔_____ 测试日期_____ 施测者姓名_____

封闭式单音节测试答题卡（4项）

4个单词，每个单词随机呈现三次。

随机列表：_____

反应 刺激	没有反应	猫	树	牛	笔
猫					
树					
牛					
笔					
指认错误 模仿正确					

正确识别单词数：_____（12）

测试时间间隔_____   测试日期_____   施测者姓名_____

封闭式句子测试答题卡

水平 A：(2 * 3 矩阵)

序号	句　子	重复	正确词语（指认）	正确模仿
矩阵 1				
1	红色的小汽车			
2	蓝色的小自行车			
3	红色的大自行车			
4	蓝色的大自行车			
5	蓝色的大汽车			
矩阵 2				
6	四个女孩笑了			
7	两个男孩哭了			
8	两个女孩哭了			
9	两个男孩笑了			
10	四个男孩哭了			

正确识别的词语数：_____（30）

序号	句　子	重复	正确词语（指认）	正确模仿
矩阵 3				
11	三个娃娃睡觉			
12	三只小鸟吃东西			
13	五个娃娃吃东西			
14	五只小鸟睡觉			
15	三只小鸟睡觉			
矩阵 4				
16	黑色的小猫跑着			
17	棕色的小狗跑着			
18	黑色的小狗坐着			
19	黑色的小猫坐着			
20	棕色的小狗坐着			

正确识别的词语数：_____（30）

矩阵 1-4 总分：_____（60）

如果连续两次测验儿童正确识别了 54 个词语(90%)或更多的词语，就前进到水平 B1 测试。

测试时间间隔_____   测试日期_____   施测者姓名_____

水平 B1：(3＊3 矩阵)

序号	句 子	重复	正确词数（指认）	正确模仿
矩阵 5				
1	老师看香蕉			
2	画家看球			
3	售票员数鞋			
4	售票员买香蕉			
5	老师数鞋			
6	售票员看香蕉			
7	画家数香蕉			
8	售票员看球			
9	售票员买鞋			
10	老师看球			
11	画家买球			
12	画家数鞋			
13	售票员数球			
14	老师买香蕉			
15	画家买鞋			

正确识别的词语数：_____（45）

序号	句 子	重复	正确词数（指认）	正确模仿
矩阵 6				
16	消防员拿娃娃			
17	司机扔梨			
18	工人拿书			
19	司机画书			
20	消防员拿书			
21	司机扔娃娃			
22	工人画书			
23	司机拿娃娃			
24	工人扔书			
25	消防员画梨			
26	工人拿娃娃			
27	消防员扔梨			
28	工人画梨			
29	司机扔书			
30	消防员画娃娃			

正确识别的词语数：_____（45）

矩阵 5-6 总分：_____（90）

如果连续两次测验儿童正确识别了 81 个词语(90％)或更多的词语，就前进到水平 B2 测试。
如果连续两次测验儿童正确识别的词语少于 30 个（33％），就退回到水平 A 测试。

测试时间间隔＿＿＿＿　　测试日期＿＿＿＿＿　　施测者姓名＿＿＿＿

水平 B2：（3＊4）矩阵）

序号	句　子	重复	正确词语（指认）	正确模仿
矩阵 7				
1	医生搬绿色的照片			
2	警察种红色的花			
3	农民种红色的花			
4	农民洗红色的照片			
5	医生种蓝色的花			
6	农民搬蓝色的花			
7	警察洗绿色的苹果			
8	医生搬蓝色的照片			
9	警察种蓝色的苹果			
10	医生洗绿色的苹果			
11	警察搬绿色的照片			
12	医生种蓝色的苹果			
13	农民搬绿色的苹果			
14	医生洗红色的照片			
15	警察搬蓝色的花			

正确识别的词语数：＿＿＿＿＿（60）

序号	句　子	重复	正确词语（指认）	正确模仿
矩阵 8				
16	售票员数三个勺			
17	售票员扔六个球			
18	邮递员画四个球			
19	售票员数四个积木			
20	画家画六个勺			
21	售票员数三个球			
22	邮递员扔六个勺			
23	画家数四个积木			
24	邮递员画六个球			
25	画家数三个勺			
26	画家画三个积木			
27	邮递员扔六个球			
28	画家扔四个勺			
29	邮递员画三个积木			
30	售票员数四个球			

正确识别的词语数：＿＿＿＿＿（60）

矩阵 7-8 总分：＿＿＿＿＿（120）

如果连续两次测验儿童正确识别了 108 个词语(90％)或更多的词语，就前进到水平 C 测试。
如果连续两次测验儿童正确识别的词语少于 40 个（33％），就退回到水平 B1 测试。

测试时间间隔_____   测试日期_____   施测者姓名_____

水平 C：(4 * 4 矩阵)

序号	句子	重复	正确词语（指认）	正确模仿
矩阵 9				
1	医生剪六封信			
2	警察撕三张报纸			
3	医生烧五本书			
4	消防员拿五本书			
5	老师烧三张相片			
6	老师撕六封信			
7	医生烧两张相片			
8	老师拿六张报纸			
9	医生拿三本书			
10	警察剪两张相片			
11	老师拿五封信			
12	医生撕六张报纸			
13	警察烧三张报纸			
14	警察拿两张相片			
15	消防员剪三本书			

正确识别的词语数：_____（60）

序号	句子	重复	正确词语（指认）	正确模仿
矩阵 10				
16	妈妈买蓝色的汽车			
17	奶奶开绿色的汽车			
18	妈妈看黑色的汽车			
19	爸爸擦绿色的火车			
20	爷爷开红色的自行车			
21	妈妈买蓝色的飞机			
22	奶奶擦红色的火车			
23	爷爷买黑色的飞机			
24	爸爸开红色的汽车			
25	爸爸看绿色的飞机			
26	奶奶买黑色的自行车			
27	妈妈看蓝色的火车			
28	爸爸擦红色的火车			
29	爷爷开绿色的汽车			
30	妈妈开绿色的自行车			

正确识别的词语数：_____（60）

矩阵 9-10 总分：_____（120）

如果连续两次测验儿童正确识别的词语少于 30 个（25%），就退回到水平 B2 测试。

测试时间间隔_____   测试日期_____   施测者姓名_____

声调测试答题卡

水平 A（每组两个单词的声韵母相同）

4 个单词（共两组）

随机列表：_____

拼音	反应\刺激	没有反应	花	画	鱼	雨
huā	花					
huà	画					
yú	鱼					
yǔ	雨					
指认错误						
模仿正确						

正确识别声调数：_____（12）

正确识别声韵母数：_____（12）

正确识别单词数：_____（12）

12 个单词（共六组）

随机列表：_____

拼音	反应\刺激	没有反应	鸭	牙	书	数	花	画	鱼	雨	毛	帽	水	睡
yā	鸭													
yá	牙													
shū	书													
shǔ	数													
huā	花													
huà	画													
yú	鱼													
yǔ	雨													
máo	毛													
mào	帽													
shuǐ	水													
shuì	睡													
指认错误														
模仿正确														

正确识别声调数：_____（24）

正确识别声韵母数：_____（24）

正确识别单词数：_____（24）

测试时间间隔_____ 测试日期_____ 施测者姓名_____

水平 B（每组四个单词的声韵母相同）

4 个单词（共一组）

随机列表：_____

拼音	刺激\反应	没有反应	汤	糖	躺	烫
tāng	汤					
táng	糖					
tǎng	躺					
tàng	烫					
指认错误 模仿正确						

正确识别声调数：_____ （12）

正确识别声韵母数：_____ （12）

正确识别单词数：_____ （12）

12 个单词（共三组）

随机列表_____

拼音	刺激\反应	没有反应	猪	竹	煮	柱	烟	盐	眼	燕	蝎	鞋	写	谢
zhū	猪													
zhú	竹													
zhǔ	煮													
zhù	柱													
yān	烟													
yán	盐													
yǎn	眼													
yàn	燕													
xiē	蝎													
xié	鞋													
xiě	写													
xiè	谢													
指认错误 模仿正确														

正确识别声调数：_____ （24）

正确识别声韵母数：_____ （24）

正确识别单词数：_____ （24）

测试时间间隔_____ 测试日期_____ 施测者姓名_____

＊在下一次测试时，请使用不同的词表。

开放式单音节测试答题卡

20个单词，每个单词随机呈现一遍

测试词表1

随机列表_____

序号	单词	拼音	正确的声母	正确的韵母	正确的声调	正确模仿	正确理解	听见
1	笔	bǐ						
2	拍	pāi						
3	刀	dāo						
4	头	tóu						
5	飞	fēi						
6	花	huā						
7	线	xiàn						
8	手	shǒu						
9	扔	rēng						
10	伞	sǎn						
11	举	jǔ						
12	切	qiē						
13	猪	zhū						
14	床	chuáng						
15	嘴	zuǐ						
16	擦	cā						
17	门	mén						
18	牛	niú						
19	铃	líng						
20	关	guān						

正确的声母：_____（20）

正确的韵母：_____（20）

正确的声调：_____（20）

正确的单词：_____（20）

测试者总的印象（√）

　　模仿_____

　　理解_____

＊请参照随机列表。

测试时间间隔＿＿＿＿　　　测试日期＿＿＿＿＿＿　　　施测者姓名＿＿＿＿＿＿

20个单词，每个单词随机呈现一遍

测试词表2

随机列表＿＿＿＿＿

序号	单词	拼音	正确的声母	正确的韵母	正确的声调	正确模仿	正确理解	听见
1	线	xiàn						
2	海	hǎi						
3	包	bāo						
4	瓜	guā						
5	飞	fēi						
6	猴	hóu						
7	米	mǐ						
8	衬	chèn						
9	灯	dēng						
10	站	zhàn						
11	六	liù						
12	切	qiē						
13	书	shū						
14	窗	chuāng						
15	脆	cuì						
16	洒	sǎ						
17	家	jiā						
18	女	nǚ						
19	听	tīng						
20	钻	zuān						

正确的声母：＿＿＿＿　（20）

正确的韵母：＿＿＿＿　（20）

正确的声调：＿＿＿＿　（20）

正确的单词：＿＿＿＿　（20）

测试者总的印象（√）

　　模仿＿＿＿＿＿

　　理解＿＿＿＿＿

＊请参照随机列表。

测试时间间隔_____   测试日期_____   施测者姓名_____

＊在下一次测试时，请使用不同的句列。

举例：灯在哪里？
　　　你有一条狗吗？

问句测试答题卡

10个句子，每个句子随机呈现一遍

测试句列1

随机列表_____

序号	句　子	反　应	正确	
			模仿	理解
1	你叫什么名字？			
2	你的衣服是什么颜色？			
3	大象有几条腿？			
4	你几岁了？			
5	小白兔喜欢吃什么？			
6	青蛙会飞吗？			
7	谁给你买的衣服？			
8	蚂蚁和大象，哪个大？			
9	你什么时候睡觉？			
10	小鱼在哪里游泳？			

正确的句子数：_____（10）

施测者认为大多数句子是被模仿的还是被理解（√）

　　　模仿 _____
　　　理解 _____

＊请参照随机列表。

言语听觉反应评估答题记录用表

测试时间间隔_____   测试日期_____   施测者姓名_____

10个句子，每个句子随机呈现一遍
测试句列 2
随机列表_____

序号	句　子	反　应	正　确 模仿　　理解
1	你叫什么名字？		
2	香蕉是什么颜色的？		
3	你有几只耳朵？		
4	你几岁了？		
5	小羊喜欢吃什么？		
6	小猫会飞吗？		
7	谁爱吃骨头？		
8	西瓜和苹果，哪个小？		
9	你什么时候睡觉？		
10	小鸟在哪里飞？		

正确的句子数：_____（10）

施测者认为大多数句子是被模仿的还是被理解（√）

　　模仿 _____
　　理解 _____

＊请参照随机列表。

测试时间间隔_____ 测试日期_____ 施测者姓名_____

*在下一次测试时，请使用不同的句列。

语言细节句子测试答题卡

10个句子，每个句子随机呈现一遍
测试句列1
随机列表_____

序号	句　子	词　语	正　确 模仿　　理解
1	老师敲鼓。(4)		
2	小朋友把玩具藏起来。(9)		
3	小鸡和小鸭是好朋友。(9)		
4	小花猫在桌子下面。(8)		
5	那边有气球。(5)		
6	袜子脏了。(4)		
7	妈妈买了红苹果。(7)		
8	下雨了。(3)		
9	阿姨戴着帽子。(6)		
10	柳树发芽了。(5)		

正确的词语数：_____（60）
正确的句子数：_____（10）

施测者认为大多数句子是被模仿还是被理解（√）

　　模仿 _____
　　理解 _____

*请参照随机列表。

言语听觉反应评估答题记录用表

测试时间间隔_____ 测试日期_____ 施测者姓名_____

10个句子，每个句子随机呈现一遍

测试句列2

随机列表_____

序号	句　子	词　语	正　确 模仿　理解
1	小猫钓鱼。(4)		
2	东东把花送给老师了。(9)		
3	小兔爱吃萝卜和青菜。(9)		
4	小青蛙在河里游泳。(8)		
5	草是绿色的。(5)		
6	猫不见了。(4)		
7	这边有块大蛋糕。(7)		
8	上学了。(3)		
9	商店里有面包。(6)		
10	小树长高了。(5)		

正确的词语数：_____ (60)

正确的句子数：_____ (10)

施测者认为大多数句子是被模仿还是被理解（√）

　　模仿 _____

　　理解 _____

＊请参照随机列表。

测试时间间隔_____   测试日期_____   施测者姓名_____

10 个句子，每个句子随机呈现一遍
测试句列 3
随机列表_____

序号	句　子	词　语	正　确 模仿　理解
1	哥哥画画。(4)		
2	老虎把小白兔吓跑了。(9)		
3	花园里有蝴蝶和蜜蜂。(9)		
4	老爷爷在河边钓鱼。(8)		
5	天上有月亮。(5)		
6	桃花开了。(4)		
7	我有一个新书包。(7)		
8	刮风了。(3)		
9	这本书是我的。(6)		
10	小鸭会游泳。(5)		

正确的词语数：_____ (60)
正确的句子数：_____ (10)

施测者认为大多数句子是被模仿还是被理解（√）

　　模仿 _____
　　理解 _____

＊请参照随机列表。

测试时间间隔_____　　测试日期_____　　施测者姓名_____

听觉整合问卷答题卡
父母问卷

量表得分（0－4）：

0＝从不　　x0 _____
1＝很少　　x1 _____
2＝通常　　x2 _____
3＝经常　　x3 _____
4＝一直　　x4 _____
总分：_____

得分＼问题	1	2	3	4	5	6	7	8	9	10
0										
1										
2										
3										
4										

请在格子里用圆点标注每个问题的分数，然后将这些点连接起来

总成绩

信心分：问题 1－2：_____
警觉分：问题 3－6：_____
意义分：问题 7－10：_____
　总分：_____

测试时间间隔_____   测试日期_____   施测者姓名_____

听觉整合问卷答题卡
教师问卷

量表得分（0-4）：

0＝从不　　x0_____
1＝很少　　x1_____
2＝通常　　x2_____
3＝经常　　x3_____
4＝一直　　x4_____
总分：_____

得分＼问题	1	2	3	4	5	6	7	8	9	10
0										
1										
2										
3										
4										

请在格子里用圆点标注每个问题的分数，然后将这些点连接起来

总成绩

信心分：问题 1-2：_____
警觉分：问题 3-6：_____
意义分：问题 7-10：_____
总分：_____

测试时间间隔_____　　测试日期_____　　施测者姓名_____

言语应用问卷答题卡
父母问卷

量表得分（0-4）：

0＝从不　　x0 _____
1＝很少　　x1 _____
2＝通常　　x2 _____
3＝经常　　x3 _____
4＝一直　　x4 _____
总分：_____

得分＼问题	1	2	3	4	5	6	7	8	9	10
0										
1										
2										
3										
4										

请在格子里用圆点标注每个问题的分数，然后将这些点连起来。

总成绩

声音控制：问题 1-3：_____
言 语 声：问题 4-8：_____
交流技巧：问题 9-10：_____
　总分：_____

测试时间间隔_____ 测试日期_____ 施测者姓名_____

言语应用问卷答题卡
教师问卷

量表得分（0-4）：

0 = 从不　　x0 _____
1 = 很少　　x1 _____
2 = 通常　　x2 _____
3 = 经常　　x3 _____
4 = 一直　　x4 _____
总分：_____

得分＼问题	1	2	3	4	5	6	7	8	9	10
0										
1										
2										
3										
4										

请在格子里用圆点标注每个问题的分数，然后将这些点连起来。

总成绩

声音控制：问题 1-3：_____
言　语　声：问题 4-8：_____
交流技巧：问题 9-10：_____
总分：_____

言语听觉反应评估（EARS）阶段成绩记录表

测试		成绩	配戴前		1个月		3个月		6个月		12个月		18个月		24个月	
			原始分	正确率(%)	原始分	正确率(%)	原始分	正确率(%)	原始分	正确率(%)	原始分	正确率(%)	原始分	正确率(%)	原始分	正确率(%)
听觉发展测试																
音节测试	正确识别音节（3项）															
	正确识别单词（3项）															
	正确识别音节（6项）															
	正确识别单词（6项）															
	正确识别音节（12项）															
	正确识别单词（12项）															
封闭式单音节词测试	正确识别单词（4项）															
	正确识别单词（12项）															
封闭式句子测试	正确识别的词语（水平A）															
	正确识别的词语（水平B1）															
	正确识别的词语（水平B2）															
	正确识别的词语（水平C）															
封闭式声调测试	水平A	正确识别声调（4项）														
		正确识别声韵母（4项）														
		正确识别单词（4项）														
		正确识别声调（12项）														
		正确识别声韵母（12项）														
		正确识别单词（12项）														

续表

测试 \ 成绩			配戴前		1个月		3个月		6个月		12个月		18个月		24个月	
			原始分	正确率(%)	原始分	正确率(%)	原始分	正确率(%)	原始分	正确率(%)	原始分	正确率(%)	原始分	正确率(%)	原始分	正确率(%)
封闭式声调测试	水平B	正确识别声调（4项）														
		正确识别声韵母（4项）														
		正确识别单词（4项）														
		正确识别声调（12项）														
		正确识别声韵母（12项）														
		正确识别单词（12项）														
开放式单音节词测试		正确的声母														
		正确的韵母														
		正确的声调														
		正确的单词														
问句测试		正确的句子														
言语细节句子测试		正确的词语														
		正确的句子														
听觉整合家长问卷		信心分														
		警觉分														
		意义分														
		总成绩														
听觉整合教师问卷		信心分														
		警觉分														
		意义分														
		总成绩														
言语应用家长问卷		声音控制														
		言语声														
		交流技巧														
		总成绩														
言语应用教师问卷		声音控制														
		言语声														
		交流技巧														
		总成绩														

2

左耳：助听器____ 人工耳蜗____；右耳：助听器____ 人工耳蜗____
开机年月_____
测试时间间隔_____ 测试日期_____ 施测者姓名_____

环境声音问卷

室内	察觉	识别
音乐声		
电话铃声		
门铃声		
敲门声		
撕纸声		
吸尘器吸尘声		
洗衣机声		
器皿声		
剪刀剪物声		
微波炉声		
室外	察觉	识别
警报声（救护车声、警铃）		
飞机声		
汽车叫声		
脚步声		
鸟鸣声		
狗吠声		
人发出的声音	察觉	识别
说话声		
打喷嚏声		
咳嗽声		
笑声		

得分： 总察觉得分： 总识别得分：

N（从来没有/不知道）0
S（有时候）1
A（一直）2

总得分：
N（从来没有/不知道）0–5
NA＝声音没有呈现给儿童
S（有时候）6–30
A（一直）31–40（或者所有项的得分都为2）

测试时间间隔＿＿＿＿ 测试日期＿＿＿＿＿ 施测者姓名＿＿＿＿＿

听觉发展测试答题卡

行为	直接观察	间接观察
对环境声音的反应		
对环境声音的识别		
对鼓声的反应：引发的		
对2种乐器声音的反应：引发的		
对声音的反应：引发的		
自发的		
区分两种乐器声		
区分：鼓声大/小		
单一/重复鼓声		
对林氏五音的反应		
a		
i		
u		
sh		
s		
区分：语言声大/小		
单一/重复语言声		
长/短语言声		
区分林氏五音		
区分家庭中两个不同的名字		
在安静状态下区分自己的名字		

记分：　　　　　　　　得分：

N（从不）　　0　　　手术前：＿＿＿＿＿＿　　　配戴6个月：＿＿＿＿＿

S（有时）　　1　　　第一次配戴：＿＿＿＿＿　配戴12个月：＿＿＿＿＿

A（一直）　　2　　　配戴1个月：＿＿＿＿＿　　配戴18个月：＿＿＿＿＿

　　　　　　　　　　配戴3个月：＿＿＿＿＿　　配戴24个月：＿＿＿＿＿

测试时间间隔_____　　测试日期_____　　施测者姓名_____

音节测试答题卡

音节测试答题卡（12项）

12个单词，每个单词随机呈现两次。
随机列表：_____

反应\刺激	没有反应	鱼	牛	树	花	猴子	蝴蝶	大象	香蕉	电视机	长颈鹿	西红柿	小白兔
鱼													
牛													
树													
花													
猴子													
蝴蝶													
大象													
香蕉													
电视机													
长颈鹿													
西红柿													
小白兔													
指认错误 模仿正确													

正确识别音节数：_____（24）
正确识别单词数：_____（24）

测试时间间隔_____   测试日期_____   施测者姓名_____

音节测试答题卡（6项）

6个单词，每个单词随机呈现三次。

随机列表：_____

刺激＼反应	没有反应	鱼	牛	猴子	大象	小白兔	西红柿
鱼							
牛							
猴子							
大象							
小白兔							
西红柿							
指认错误 模仿正确							

正确识别音节数：_____（18）

正确识别单词数：_____（18）

测试时间间隔_____　　测试日期_____　　施测者姓名_____

音节测试答题卡（3项）

3个单词，每个单词随机呈现四次

随机列表：_____

反应 刺激	没有反应	鱼	大象	西红柿
鱼				
大象				
西红柿				
指认错误 模仿正确				

正确识别音节数：_____（12）

正确识别单词数：_____（12）

测试时间间隔_____   测试日期_____   施测者姓名_____

封闭式单音节测试答题卡

封闭式单音节测试答题卡（12项）

12个单词，每个单词随机呈现两次。
随机列表：_____

反应\刺激	没有反应	球	鞋	猫	船	灯	勺	鸭	猪	牛	笔	马	树
球													
鞋													
猫													
船													
灯													
勺													
鸭													
猪													
牛													
笔													
马													
树													
指认错误模仿正确													

正确识别单词数：_____（24）

测试时间间隔_____   测试日期_____   施测者姓名_____

封闭式单音节测试答题卡（4项）

4个单词，每个单词随机呈现三次。

随机列表：_____

刺激＼反应	没有反应	猫	树	牛	笔
猫					
树					
牛					
笔					
指认错误 模仿正确					

正确识别单词数：_____（12）

测试时间间隔_____   测试日期_____   施测者姓名_____

封闭式句子测试答题卡

水平 A：（2 * 3 矩阵）

序号	句　子	重复	正确词语（指认）	正确模仿
矩阵 1				
1	红色的小汽车			
2	蓝色的小自行车			
3	红色的大自行车			
4	蓝色的大自行车			
5	蓝色的大汽车			
矩阵 2				
6	四个女孩笑了			
7	两个男孩哭了			
8	两个女孩哭了			
9	两个男孩笑了			
10	四个男孩哭了			

正确识别的词语数：_____（30）

序号	句　子	重复	正确词语（指认）	正确模仿
矩阵 3				
11	三个娃娃睡觉			
12	三只小鸟吃东西			
13	五个娃娃吃东西			
14	五只小鸟睡觉			
15	三只小鸟睡觉			
矩阵 4				
16	黑色的小猫跑着			
17	棕色的小狗跑着			
18	黑色的小狗坐着			
19	黑色的小猫坐着			
20	棕色的小狗坐着			

正确识别的词语数：_____（30）

矩阵 1-4 总分：_____（60）

如果连续两次测验儿童正确识别了 54 个词语(90%)或更多的词语，就前进到水平 B1 测试。

言语听觉反应评估答题记录用表

测试时间间隔_____ 测试日期_____ 施测者姓名_____

水平 B1：（3 * 3 矩阵）

序号	句　子	重复	正确词数（指认）	正确模仿
矩阵 5				
1	老师看香蕉			
2	画家看球			
3	售票员数鞋			
4	售票员买香蕉			
5	老师数鞋			
6	售票员看香蕉			
7	画家数香蕉			
8	售票员看球			
9	售票员买鞋			
10	老师看球			
11	画家买球			
12	画家数鞋			
13	售票员数球			
14	老师买香蕉			
15	画家买鞋			

正确识别的词语数：_____（45）

序号	句　子	重复	正确词数（指认）	正确模仿
矩阵 6				
16	消防员拿娃娃			
17	司机扔梨			
18	工人拿书			
19	司机画书			
20	消防员拿书			
21	司机扔娃娃			
22	工人画书			
23	司机拿娃娃			
24	工人扔书			
25	消防员画梨			
26	工人拿娃娃			
27	消防员扔梨			
28	工人画梨			
29	司机扔书			
30	消防员画娃娃			

正确识别的词语数：_____（45）

矩阵 5－6 总分：_____（90）

如果连续两次测验儿童正确识别了 81 个词语(90%)或更多的词语，就前进到水平 B2 测试。

如果连续两次测验儿童正确识别的词语少于 30 个（33%），就退回到水平 A 测试。

测试时间间隔_____   测试日期_____   施测者姓名_____

水平 B2：（3 * 4）矩阵）

序号	句　子	重复	正确词语（指认）	正确模仿
矩阵 7				
1	医生搬绿色的照片			
2	警察种红色的花			
3	农民种红色的花			
4	农民洗红色的照片			
5	医生种蓝色的花			
6	农民搬蓝色的花			
7	警察洗绿色的苹果			
8	医生搬蓝色的照片			
9	警察种蓝色的苹果			
10	医生洗绿色的苹果			
11	警察搬绿色的照片			
12	医生种蓝色的苹果			
13	农民搬绿色的苹果			
14	医生洗红色的照片			
15	警察搬蓝色的花			

正确识别的词语数：_____（60）

序号	句　子	重复	正确词语（指认）	正确模仿
矩阵 8				
16	售票员数三个勺			
17	售票员扔六个球			
18	邮递员画四个球			
19	售票员数四个积木			
20	画家画六个勺			
21	售票员数三个球			
22	邮递员扔六个勺			
23	画家数四个积木			
24	邮递员画六个球			
25	画家数三个勺			
26	画家画三个积木			
27	邮递员扔六个球			
28	画家扔四个勺			
29	邮递员画三个积木			
30	售票员数四个球			

正确识别的词语数：_____（60）

矩阵 7-8 总分：_____（120）

如果连续两次测验儿童正确识别了 108 个词语(90％)或更多的词语，就前进到水平 C 测试。
如果连续两次测验儿童正确识别的词语少于 40 个（33％），就退回到水平 B1 测试。

测试时间间隔_____ 测试日期_____ 施测者姓名_____

水平 C：(4 * 4 矩阵)

序号	句 子	重复	正确词语（指认）	正确模仿
矩阵 9				
1	医生剪六封信			
2	警察撕三张报纸			
3	医生烧五本书			
4	消防员拿五本书			
5	老师烧三张相片			
6	老师撕六封信			
7	医生烧两张相片			
8	老师拿六张报纸			
9	医生拿三本书			
10	警察剪两张相片			
11	老师拿五封信			
12	医生撕六张报纸			
13	警察烧三张报纸			
14	警察拿两张相片			
15	消防员剪三本书			

正确识别的词语数：_____ (60)

序号	句 子	重复	正确词语（指认）	正确模仿
矩阵 10				
16	妈妈买蓝色的汽车			
17	奶奶开绿色的汽车			
18	妈妈看黑色的汽车			
19	爸爸擦绿色的火车			
20	爷爷开红色的自行车			
21	妈妈买蓝色的飞机			
22	奶奶擦红色的火车			
23	爷爷买黑色的飞机			
24	爸爸开红色的汽车			
25	爸爸看绿色的飞机			
26	奶奶买黑色的自行车			
27	妈妈看蓝色的火车			
28	爸爸擦红色的火车			
29	爷爷开绿色的汽车			
30	妈妈开绿色的自行车			

正确识别的词语数：_____ (60)

矩阵 9－10 总分：_____ (120)

如果连续两次测验儿童正确识别的词语少于 30 个（25%），就退回到水平 B2 测试。

测试时间间隔_____ 测试日期_____ 施测者姓名_____

声调测试答题卡

水平 A（每组两个单词的声韵母相同）

4 个单词（共两组）
随机列表：_____

拼音 \ 刺激 反应	没有反应	花	画	鱼	雨
huā 花					
huà 画					
yú 鱼					
yǔ 雨					
指认错误					
模仿正确					

正确识别声调数：_____ (12)
正确识别声韵母数：_____ (12)
正确识别单词数：_____ (12)

12 个单词（共六组）
随机列表：_____

拼音 \ 刺激 反应	没有反应	鸭	牙	书	数	花	画	鱼	雨	毛	帽	水	睡
yā 鸭													
yá 牙													
shū 书													
shǔ 数													
huā 花													
huà 画													
yú 鱼													
yǔ 雨													
máo 毛													
mào 帽													
shuǐ 水													
shuì 睡													
指认错误													
模仿正确													

正确识别声调数：_____ (24)
正确识别声韵母数：_____ (24)
正确识别单词数：_____ (24)

测试时间间隔_____ 测试日期_____ 施测者姓名_____

水平 B（每组四个单词的声韵母相同）

4 个单词（共一组）

随机列表：_____

拼音	刺激 / 反应	没有反应	汤	糖	躺	烫
tāng	汤					
táng	糖					
tǎng	躺					
tàng	烫					
指认错误						
模仿正确						

正确识别声调数：_____（12）

正确识别声韵母数：_____（12）

正确识别单词数：_____（12）

12 个单词（共三组）

随机列表_____

拼音	刺激 / 反应	没有反应	猪	竹	煮	柱	烟	盐	眼	燕	蝎	鞋	写	谢
zhū	猪													
zhú	竹													
zhǔ	煮													
zhù	柱													
yān	烟													
yán	盐													
yǎn	眼													
yàn	燕													
xiē	蝎													
xié	鞋													
xiě	写													
xiè	谢													
指认错误														
模仿正确														

正确识别声调数：_____（24）

正确识别声韵母数：_____（24）

正确识别单词数：_____（24）

测试时间间隔_____   测试日期_____   施测者姓名_____

＊在下一次测试时，请使用不同的词表。

开放式单音节测试答题卡

20个单词，每个单词随机呈现一遍

测试词表1

随机列表_____

序号	单词	拼音	正确的声母	正确的韵母	正确的声调	正确模仿	正确理解	听见
1	笔	bǐ						
2	拍	pāi						
3	刀	dāo						
4	头	tóu						
5	飞	fēi						
6	花	huā						
7	线	xiàn						
8	手	shǒu						
9	扔	rēng						
10	伞	sǎn						
11	举	jǔ						
12	切	qiē						
13	猪	zhū						
14	床	chuáng						
15	嘴	zuǐ						
16	擦	cā						
17	门	mén						
18	牛	niú						
19	铃	líng						
20	关	guān						

正确的声母：_____（20）

正确的韵母：_____（20）

正确的声调：_____（20）

正确的单词：_____（20）

测试者总的印象（√）

　　模仿 _____

　　理解 _____

＊请参照随机列表。

言语听觉反应评估答题记录用表

测试时间间隔_____   测试日期_____   施测者姓名_____

20个单词，每个单词随机呈现一遍

测试词表2

随机列表_____

序号	单词	拼音	正确的声母	正确的韵母	正确的声调	正确模仿	正确理解	听见
1	线	xiàn						
2	海	hǎi						
3	包	bāo						
4	瓜	guā						
5	飞	fēi						
6	猴	hóu						
7	米	mǐ						
8	衬	chèn						
9	灯	dēng						
10	站	zhàn						
11	六	liù						
12	切	qiē						
13	书	shū						
14	窗	chuāng						
15	脆	cuì						
16	洒	sǎ						
17	家	jiā						
18	女	nǚ						
19	听	tīng						
20	钻	zuān						

正确的声母：_____（20）

正确的韵母：_____（20）

正确的声调：_____（20）

正确的单词：_____（20）

测试者总的印象（√）

　　模仿 _____

　　理解 _____

* 请参照随机列表。

测试时间间隔_____   测试日期_____   施测者姓名_____

*在下一次测试时，请使用不同的句列。

举例：灯在哪里？
　　　你有一条狗吗？

问句测试答题卡

10个句子，每个句子随机呈现一遍
测试句列 1
随机列表_____

序号	句　　子	反　　应	正　确	
			模仿	理解
1	你叫什么名字？			
2	你的衣服是什么颜色？			
3	大象有几条腿？			
4	你几岁了？			
5	小白兔喜欢吃什么？			
6	青蛙会飞吗？			
7	谁给你买的衣服？			
8	蚂蚁和大象，哪个大？			
9	你什么时候睡觉？			
10	小鱼在哪里游泳？			

正确的句子数：_____（10）

施测者认为大多数句子是被模仿的还是被理解（√）

　　　模仿 _____
　　　理解 _____

*请参照随机列表。

言语听觉反应评估答题记录用表

测试时间间隔_____   测试日期_____   施测者姓名_____

10个句子，每个句子随机呈现一遍

测试句列 2

随机列表_____

序号	句 子	反 应	正确 模仿	理解
1	你叫什么名字？			
2	香蕉是什么颜色的？			
3	你有几只耳朵？			
4	你几岁了？			
5	小羊喜欢吃什么？			
6	小猫会飞吗？			
7	谁爱吃骨头？			
8	西瓜和苹果，哪个小？			
9	你什么时候睡觉？			
10	小鸟在哪里飞？			

正确的句子数：_____（10）

施测者认为大多数句子是被模仿的还是被理解（√）

模仿 _____
理解 _____

＊请参照随机列表。

测试时间间隔_____   测试日期_____   施测者姓名_____

* 在下一次测试时，请使用不同的句列。

语言细节句子测试答题卡

10 个句子，每个句子随机呈现一遍

测试句列 1

随机列表_____

序号	句 子	词 语	正确	
			模仿	理解
1	老师敲鼓。(4)			
2	小朋友把玩具藏起来。(9)			
3	小鸡和小鸭是好朋友。(9)			
4	小花猫在桌子下面。(8)			
5	那边有气球。(5)			
6	袜子脏了。(4)			
7	妈妈买了红苹果。(7)			
8	下雨了。(3)			
9	阿姨戴着帽子。(6)			
10	柳树发芽了。(5)			

正确的词语数：_____ (60)
正确的句子数：_____ (10)

施测者认为大多数句子是被模仿还是被理解（√）

　　模仿 _____
　　理解 _____

* 请参照随机列表。

言语听觉反应评估答题记录用表

测试时间间隔_____   测试日期_____   施测者姓名_____

10个句子，每个句子随机呈现一遍
测试句列2
随机列表_____

序号	句　子	词　语	正　确 模仿　　理解
1	小猫钓鱼。(4)		
2	东东把花送给老师了。(9)		
3	小兔爱吃萝卜和青菜。(9)		
4	小青蛙在河里游泳。(8)		
5	草是绿色的。(5)		
6	猫不见了。(4)		
7	这边有块大蛋糕。(7)		
8	上学了。(3)		
9	商店里有面包。(6)		
10	小树长高了。(5)		

正确的词语数：_____（60）
正确的句子数：_____（10）

施测者认为大多数句子是被模仿还是被理解（√）

　　模仿 _____
　　理解 _____

＊请参照随机列表。

测试时间间隔_____   测试日期_____   施测者姓名_____

10个句子，每个句子随机呈现一遍
测试句列3
随机列表_____

序号	句 子	词 语	正 确 模仿　理解
1	哥哥画画。(4)		
2	老虎把小白兔吓跑了。(9)		
3	花园里有蝴蝶和蜜蜂。(9)		
4	老爷爷在河边钓鱼。(8)		
5	天上有月亮。(5)		
6	桃花开了。(4)		
7	我有一个新书包。(7)		
8	刮风了。(3)		
9	这本书是我的。(6)		
10	小鸭会游泳。(5)		

正确的词语数：_____(60)
正确的句子数：_____(10)

施测者认为大多数句子是被模仿还是被理解（√）

　　模仿_____
　　理解_____

＊请参照随机列表。

测试时间间隔_____　　测试日期_____　　施测者姓名_____

听觉整合问卷答题卡
父母问卷

量表得分（0-4）：

0 = 从不　　x0 _____
1 = 很少　　x1 _____
2 = 通常　　x2 _____
3 = 经常　　x3 _____
4 = 一直　　x4 _____
总分：_____

得分 \ 问题	1	2	3	4	5	6	7	8	9	10
0										
1										
2										
3										
4										

请在格子里用圆点标注每个问题的分数，然后将这些点连接起来

总成绩

信心分：问题1-2：_____
警觉分：问题3-6：_____
意义分：问题7-10：_____
　总分：_____

测试时间间隔_____   测试日期_____   施测者姓名_____

听觉整合问卷答题卡
教师问卷

量表得分（0-4）：

0＝从不　　x0_____
1＝很少　　x1_____
2＝通常　　x2_____
3＝经常　　x3_____
4＝一直　　x4_____

总分：_____

得分＼问题	1	2	3	4	5	6	7	8	9	10
0										
1										
2										
3										
4										

请在格子里用圆点标注每个问题的分数，然后将这些点连接起来

总成绩

信心分：问题 1-2：_____
警觉分：问题 3-6：_____
意义分：问题 7-10：_____
总分：_____

测试时间间隔_____   测试日期_____   施测者姓名_____

言语应用问卷答题卡
父母问卷

量表得分 (0-4)：

0＝从不　　x0 _____
1＝很少　　x1 _____
2＝通常　　x2 _____
3＝经常　　x3 _____
4＝一直　　x4 _____
总分：_____

得分＼问题	1	2	3	4	5	6	7	8	9	10
0										
1										
2										
3										
4										

请在格子里用圆点标注每个问题的分数，然后将这些点连起来。

总成绩

声音控制：问题 1-3：_____
言　语　声：问题 4-8：_____
交流技巧：问题 9-10：_____
总分：_____

测试时间间隔_____   测试日期_____   施测者姓名_____

言语应用问卷答题卡
教师问卷

量表得分（0-4）：

0＝从不　　x0 _____
1＝很少　　x1 _____
2＝通常　　x2 _____
3＝经常　　x3 _____
4＝一直　　x4 _____
总分：_____

得分＼问题	1	2	3	4	5	6	7	8	9	10
0										
1										
2										
3										
4										

请在格子里用圆点标注每个问题的分数，然后将这些点连起来。

总成绩

声音控制：问题1-3：_____
言　语　声：问题4-8：_____
交流技巧：问题9-10：_____
　总分：_____

言语听觉反应评估（EARS）阶段成绩记录表

测试		成绩	配戴前		1个月		3个月		6个月		12个月		18个月		24个月	
			原始分	正确率(%)	原始分	正确率(%)	原始分	正确率(%)	原始分	正确率(%)	原始分	正确率(%)	原始分	正确率(%)	原始分	正确率(%)
听觉发展测试																
音节测试	正确识别音节（3项）															
	正确识别单词（3项）															
	正确识别音节（6项）															
	正确识别单词（6项）															
	正确识别音节（12项）															
	正确识别单词（12项）															
封闭式单音节词测试	正确识别单词（4项）															
	正确识别单词（12项）															
封闭式句子测试	正确识别的词语（水平A）															
	正确识别的词语（水平B1）															
	正确识别的词语（水平B2）															
	正确识别的词语（水平C）															
封闭式声调测试	水平A	正确识别声调（4项）														
		正确识别声韵母（4项）														
		正确识别单词（4项）														
		正确识别声调（12项）														
		正确识别声韵母（12项）														
		正确识别单词（12项）														

续表

测试		成绩	配戴前		1个月		3个月		6个月		12个月		18个月		24个月	
			原始分	正确率(%)	原始分	正确率(%)	原始分	正确率(%)	原始分	正确率(%)	原始分	正确率(%)	原始分	正确率(%)	原始分	正确率(%)
封闭式声调测试	水平B	正确识别声调（4项）														
		正确识别声韵母（4项）														
		正确识别单词（4项）														
		正确识别声调（12项）														
		正确识别声韵母（12项）														
		正确识别单词（12项）														
开放式单音节词测试		正确的声母														
		正确的韵母														
		正确的声调														
		正确的单词														
问句测试		正确的句子														
言语细节句子测试		正确的词语														
		正确的句子														
听觉整合家长问卷		信心分														
		警觉分														
		意义分														
		总成绩														
听觉整合教师问卷		信心分														
		警觉分														
		意义分														
		总成绩														
言语应用家长问卷		声音控制														
		言语声														
		交流技巧														
		总成绩														
言语应用教师问卷		声音控制														
		言语声														
		交流技巧														
		总成绩														

3

左耳：助听器____ 人工耳蜗____ ；右耳：助听器____ 人工耳蜗____

开机年月_____

测试时间间隔_____　　　测试日期_____　　　施测者姓名_____

环境声音问卷

室内	察觉	识别
音乐声		
电话铃声		
门铃声		
敲门声		
撕纸声		
吸尘器吸尘声		
洗衣机声		
器皿声		
剪刀剪物声		
微波炉声		
室外	察觉	识别
警报声（救护车声、警铃）		
飞机声		
汽车叫声		
脚步声		
鸟鸣声		
狗吠声		
人发出的声音	察觉	识别
说话声		
打喷嚏声		
咳嗽声		
笑声		

得分：　　　　　　　总察觉得分：　　　　　　　总识别得分：

N（从来没有/不知道）0

S（有时候）1

A（一直）2

总得分：

N（从来没有/不知道）0-5

NA=声音没有呈现给儿童

S（有时候）6-30

A（一直）31-40（或者所有项的得分都为2）

测试时间间隔_____　　测试日期_____　　施测者姓名_____

听觉发展测试答题卡

行为	直接观察	间接观察
对环境声音的反应		
对环境声音的识别		
对鼓声的反应：引发的		
对2种乐器声音的反应：引发的		
对声音的反应：引发的		
自发的		
区分两种乐器声		
区分：鼓声大/小		
单一/重复鼓声		
对林氏五音的反应		
a		
i		
u		
sh		
s		
区分：语言声大/小		
单一/重复语言声		
长/短语言声		
区分林氏五音		
区分家庭中两个不同的名字		
在安静状态下区分自己的名字		

记分：　　　　　　　　得分：

N（从不）　　0　　　　手术前：_____　　　　配戴6个月：_____

S（有时）　　1　　　　第一次配戴：_____　　配戴12个月：_____

A（一直）　　2　　　　配戴1个月：_____　　配戴18个月：_____

　　　　　　　　　　　配戴3个月：_____　　配戴24个月：_____

测试时间间隔_____　　测试日期_____　　施测者姓名_____

音节测试答题卡

音节测试答题卡（12项）

12个单词，每个单词随机呈现两次。
随机列表：_____

刺激＼反应	没有反应	鱼	牛	树	花	猴子	蝴蝶	大象	香蕉	电视机	长颈鹿	西红柿	小白兔
鱼													
牛													
树													
花													
猴子													
蝴蝶													
大象													
香蕉													
电视机													
长颈鹿													
西红柿													
小白兔													
指认错误 模仿正确													

正确识别音节数：_____（24）
正确识别单词数：_____（24）

测试时间间隔_____   测试日期_____   施测者姓名_____

音节测试答题卡（6项）

6个单词，每个单词随机呈现三次。

随机列表：_____

反应 刺激	没有反应	鱼	牛	猴子	大象	小白兔	西红柿
鱼							
牛							
猴子							
大象							
小白兔							
西红柿							
指认错误 模仿正确							

正确识别音节数：_____（18）

正确识别单词数：_____（18）

测试时间间隔_____   测试日期_____   施测者姓名_____

音节测试答题卡（3项）

3个单词，每个单词随机呈现四次

随机列表：_____

刺激＼反应	没有反应	鱼	大象	西红柿
鱼				
大象				
西红柿				
指认错误 模仿正确				

正确识别音节数：_____（12）

正确识别单词数：_____（12）

测试时间间隔_____   测试日期_____   施测者姓名_____

封闭式单音节测试答题卡

封闭式单音节测试答题卡（12项）

12个单词，每个单词随机呈现两次。
随机列表：_____

反应\刺激	没有反应	球	鞋	猫	船	灯	勺	鸭	猪	牛	笔	马	树
球													
鞋													
猫													
船													
灯													
勺													
鸭													
猪													
牛													
笔													
马													
树													
指认错误模仿正确													

正确识别单词数：_____ (24)

测试时间间隔_____   测试日期_____   施测者姓名_____

封闭式单音节测试答题卡（4项）

4个单词，每个单词随机呈现三次。

随机列表：_____

刺激＼反应	没有反应	猫	树	牛	笔
猫					
树					
牛					
笔					
指认错误 模仿正确					

正确识别单词数：_____ （12）

测试时间间隔_____ 测试日期_____ 施测者姓名_____

封闭式句子测试答题卡

水平 A：(2 * 3 矩阵)

序号	句　子	重复	正确词语（指认）	正确模仿
矩阵 1				
1	红色的小汽车			
2	蓝色的小自行车			
3	红色的大自行车			
4	蓝色的大自行车			
5	蓝色的大汽车			
矩阵 2				
6	四个女孩笑了			
7	两个男孩哭了			
8	两个女孩哭了			
9	两个男孩笑了			
10	四个男孩哭了			

正确识别的词语数：_____ （30）

序号	句　子	重复	正确词语（指认）	正确模仿
矩阵 3				
11	三个娃娃睡觉			
12	三只小鸟吃东西			
13	五个娃娃吃东西			
14	五只小鸟睡觉			
15	三只小鸟睡觉			
矩阵 4				
16	黑色的小猫跑着			
17	棕色的小狗跑着			
18	黑色的小狗坐着			
19	黑色的小猫坐着			
20	棕色的小狗坐着			

正确识别的词语数：_____ （30）

矩阵 1 - 4 总分：_____ （60）

如果连续两次测验儿童正确识别了 54 个词语(90%)或更多的词语，就前进到水平 B1 测试。

测试时间间隔_____   测试日期_____   施测者姓名_____

水平 B1：(3 * 3 矩阵)

序号	句　子	重复	正确词数（指认）	正确模仿
矩阵 5				
1	老师看香蕉			
2	画家看球			
3	售票员数鞋			
4	售票员买香蕉			
5	老师数鞋			
6	售票员看香蕉			
7	画家数香蕉			
8	售票员看球			
9	售票员买鞋			
10	老师看球			
11	画家买球			
12	画家数鞋			
13	售票员数球			
14	老师买香蕉			
15	画家买鞋			

正确识别的词语数：_____（45）

序号	句　子	重复	正确词数（指认）	正确模仿
矩阵 6				
16	消防员拿娃娃			
17	司机扔梨			
18	工人拿书			
19	司机画书			
20	消防员拿书			
21	司机扔娃娃			
22	工人画书			
23	司机拿娃娃			
24	工人扔书			
25	消防员画梨			
26	工人拿娃娃			
27	消防员扔梨			
28	工人画梨			
29	司机扔书			
30	消防员画娃娃			

正确识别的词语数：_____（45）

矩阵 5-6 总分：_____（90）

如果连续两次测验儿童正确识别了 81 个词语(90%)或更多的词语，就前进到水平 B2 测试。

如果连续两次测验儿童正确识别的词语少于 30 个（33%），就退回到水平 A 测试。

测试时间间隔_____ 测试日期_____ 施测者姓名_____

水平 B2：（3＊4）矩阵）

序号	句子	重复	正确词语（指认）	正确模仿
矩阵 7				
1	医生搬绿色的照片			
2	警察种红色的花			
3	农民种红色的花			
4	农民洗红色的照片			
5	医生种蓝色的花			
6	农民搬蓝色的花			
7	警察洗绿色的苹果			
8	医生搬蓝色的照片			
9	警察种蓝色的苹果			
10	医生洗绿色的苹果			
11	警察搬绿色的照片			
12	医生种蓝色的苹果			
13	农民搬绿色的苹果			
14	医生洗红色的照片			
15	警察搬蓝色的花			

正确识别的词语数：_____（60）

序号	句子	重复	正确词语（指认）	正确模仿
矩阵 8				
16	售票员数三个勺			
17	售票员扔六个球			
18	邮递员画四个球			
19	售票员数四个积木			
20	画家画六个勺			
21	售票员数三个球			
22	邮递员扔六个勺			
23	画家数四个积木			
24	邮递员画六个球			
25	画家数三个勺			
26	画家画三个积木			
27	邮递员扔六个球			
28	画家扔四个勺			
29	邮递员画三个积木			
30	售票员数四个球			

正确识别的词语数：_____（60）

矩阵 7-8 总分：_____（120）

如果连续两次测验儿童正确识别了 108 个词语(90％)或更多的词语，就前进到水平 C 测试。
如果连续两次测验儿童正确识别的词语少于 40 个（33％），就退回到水平 B1 测试。

测试时间间隔_____   测试日期_____   施测者姓名_____

水平 C：(4 * 4 矩阵)

序号	句　子	重复	正确词语（指认）	正确模仿
矩阵 9				
1	医生剪六封信			
2	警察撕三张报纸			
3	医生烧五本书			
4	消防员拿五本书			
5	老师烧三张相片			
6	老师撕六封信			
7	医生烧两张相片			
8	老师拿六张报纸			
9	医生拿三本书			
10	警察剪两张相片			
11	老师拿五封信			
12	医生撕六张报纸			
13	警察烧三张报纸			
14	警察拿两张相片			
15	消防员剪三本书			

正确识别的词语数：_____（60）

序号	句　子	重复	正确词语（指认）	正确模仿
矩阵 10				
16	妈妈买蓝色的汽车			
17	奶奶开绿色的汽车			
18	妈妈看黑色的汽车			
19	爸爸擦绿色的火车			
20	爷爷开红色的自行车			
21	妈妈买蓝色的飞机			
22	奶奶擦红色的火车			
23	爷爷买黑色的飞机			
24	爸爸开红色的汽车			
25	爸爸看绿色的飞机			
26	奶奶买黑色的自行车			
27	妈妈看蓝色的火车			
28	爸爸擦红色的火车			
29	爷爷开绿色的汽车			
30	妈妈开绿色的自行车			

正确识别的词语数：_____（60）

矩阵 9－10 总分：_____（120）

如果连续两次测验儿童正确识别的词语少于 30 个（25%），就退回到水平 B2 测试。

测试时间间隔_____   测试日期_____   施测者姓名_____

声调测试答题卡

水平 A（每组两个单词的声韵母相同）

4 个单词（共两组）

随机列表：_____

拼音	刺激\反应	没有反应	花	画	鱼	雨
huā	花					
huà	画					
yú	鱼					
yǔ	雨					
指认错误						
模仿正确						

正确识别声调数：_____（12）

正确识别声韵母数：_____（12）

正确识别单词数：_____（12）

12 个单词（共六组）

随机列表：_____

拼音	刺激\反应	没有反应	鸭	牙	书	数	花	画	鱼	雨	毛	帽	水	睡
yā	鸭													
yá	牙													
shū	书													
shǔ	数													
huā	花													
huà	画													
yú	鱼													
yǔ	雨													
máo	毛													
mào	帽													
shuǐ	水													
shuì	睡													
指认错误														
模仿正确														

正确识别声调数：_____（24）

正确识别声韵母数：_____（24）

正确识别单词数：_____（24）

测试时间间隔_____   测试日期_____   施测者姓名_____

水平 B（每组四个单词的声韵母相同）

4 个单词（共一组）
随机列表：_____

拼音	刺激\反应	没有反应	汤	糖	躺	烫
tāng	汤					
táng	糖					
tǎng	躺					
tàng	烫					
指认错误						
模仿正确						

正确识别声调数：_____（12）

正确识别声韵母数：_____（12）

正确识别单词数：_____（12）

12 个单词（共三组）
随机列表_____

拼音	刺激\反应	没有反应	猪	竹	煮	柱	烟	盐	眼	燕	蝎	鞋	写	谢
zhū	猪													
zhú	竹													
zhǔ	煮													
zhù	柱													
yān	烟													
yán	盐													
yǎn	眼													
yàn	燕													
xiē	蝎													
xié	鞋													
xiě	写													
xiè	谢													
指认错误														
模仿正确														

正确识别声调数：_____（24）

正确识别声韵母数：_____（24）

正确识别单词数：_____（24）

测试时间间隔_____   测试日期_____   施测者姓名_____

＊在下一次测试时，请使用不同的词表。

开放式单音节测试答题卡

20个单词，每个单词随机呈现一遍

测试词表1

随机列表_____

序号	单词	拼音	正确的声母	正确的韵母	正确的声调	正确模仿	正确理解	听见
1	笔	bǐ						
2	拍	pāi						
3	刀	dāo						
4	头	tóu						
5	飞	fēi						
6	花	huā						
7	线	xiàn						
8	手	shǒu						
9	扔	rēng						
10	伞	sǎn						
11	举	jǔ						
12	切	qiē						
13	猪	zhū						
14	床	chuáng						
15	嘴	zuǐ						
16	擦	cā						
17	门	mén						
18	牛	niú						
19	铃	líng						
20	关	guān						

正确的声母：_____（20）

正确的韵母：_____（20）

正确的声调：_____（20）

正确的单词：_____（20）

测试者总的印象（√）

  模仿 _____

  理解 _____

＊请参照随机列表。

测试时间间隔_____   测试日期_____   施测者姓名_____

20 个单词，每个单词随机呈现一遍

测试词表 2

随机列表_____

序号	单词	拼音	正确的声母	正确的韵母	正确的声调	正确模仿	正确理解	听见
1	线	xiàn						
2	海	hǎi						
3	包	bāo						
4	瓜	guā						
5	飞	fēi						
6	猴	hóu						
7	米	mǐ						
8	衬	chèn						
9	灯	dēng						
10	站	zhàn						
11	六	liù						
12	切	qiē						
13	书	shū						
14	窗	chuāng						
15	脆	cuì						
16	洒	sǎ						
17	家	jiā						
18	女	nǚ						
19	听	tīng						
20	钻	zuān						

正确的声母：_____（20）

正确的韵母：_____（20）

正确的声调：_____（20）

正确的单词：_____（20）

测试者总的印象（√）

  模仿 _____

  理解 _____

＊请参照随机列表。

测试时间间隔_____　　测试日期_____　　施测者姓名_____

＊在下一次测试时，请使用不同的句列。

举例：灯在哪里？
　　　你有一条狗吗？

问句测试答题卡

10个句子，每个句子随机呈现一遍
测试句列1
随机列表_____

序号	句　子	反　应	正确	
			模仿	理解
1	你叫什么名字？			
2	你的衣服是什么颜色？			
3	大象有几条腿？			
4	你几岁了？			
5	小白兔喜欢吃什么？			
6	青蛙会飞吗？			
7	谁给你买的衣服？			
8	蚂蚁和大象，哪个大？			
9	你什么时候睡觉？			
10	小鱼在哪里游泳？			

正确的句子数：_____（10）

施测者认为大多数句子是被模仿的还是被理解（√）

　　　模仿 _____
　　　理解 _____

＊请参照随机列表。

言语听觉反应评估答题记录用表

测试时间间隔_____   测试日期_____   施测者姓名_____

10个句子，每个句子随机呈现一遍

测试句列2

随机列表_____

序号	句 子	反 应	正 确 模仿　理解
1	你叫什么名字？		
2	香蕉是什么颜色的？		
3	你有几只耳朵？		
4	你几岁了？		
5	小羊喜欢吃什么？		
6	小猫会飞吗？		
7	谁爱吃骨头？		
8	西瓜和苹果，哪个小？		
9	你什么时候睡觉？		
10	小鸟在哪里飞？		

正确的句子数：_____（10）

施测者认为大多数句子是被模仿的还是被理解（√）

　　模仿 _____
　　理解 _____

* 请参照随机列表。

测试时间间隔_____ 测试日期_____ 施测者姓名_____

＊在下一次测试时，请使用不同的句列。

语言细节句子测试答题卡

10个句子，每个句子随机呈现一遍

测试句列 1

随机列表_____

序号	句　子	词　语	正确	
			模仿	理解
1	老师敲鼓。(4)			
2	小朋友把玩具藏起来。(9)			
3	小鸡和小鸭是好朋友。(9)			
4	小花猫在桌子下面。(8)			
5	那边有气球。(5)			
6	袜子脏了。(4)			
7	妈妈买了红苹果。(7)			
8	下雨了。(3)			
9	阿姨戴着帽子。(6)			
10	柳树发芽了。(5)			

正确的词语数：_____ (60)

正确的句子数：_____ (10)

施测者认为大多数句子是被模仿还是被理解（√）

　　模仿 _____

　　理解 _____

＊请参照随机列表。

言语听觉反应评估答题记录用表

测试时间间隔_____   测试日期_____   施测者姓名_____

10 个句子，每个句子随机呈现一遍
测试句列 2
随机列表_____

序号	句　子	词　语	正　确 模仿　理解
1	小猫钓鱼。(4)		
2	东东把花送给老师了。(9)		
3	小兔爱吃萝卜和青菜。(9)		
4	小青蛙在河里游泳。(8)		
5	草是绿色的。(5)		
6	猫不见了。(4)		
7	这边有块大蛋糕。(7)		
8	上学了。(3)		
9	商店里有面包。(6)		
10	小树长高了。(5)		

正确的词语数：_____ （60）
正确的句子数：_____ （10）

施测者认为大多数句子是被模仿还是被理解（√）

　　模仿 _____
　　理解 _____

＊请参照随机列表。

测试时间间隔_____   测试日期_____   施测者姓名_____

10 个句子，每个句子随机呈现一遍

测试句列 3

随机列表_____

序号	句　子	词　语	正　确 模仿　　理解
1	哥哥画画。(4)		
2	老虎把小白兔吓跑了。(9)		
3	花园里有蝴蝶和蜜蜂。(9)		
4	老爷爷在河边钓鱼。(8)		
5	天上有月亮。(5)		
6	桃花开了。(4)		
7	我有一个新书包。(7)		
8	刮风了。(3)		
9	这本书是我的。(6)		
10	小鸭会游泳。(5)		

正确的词语数：_____ (60)

正确的句子数：_____ (10)

施测者认为大多数句子是被模仿还是被理解（√）

　　模仿 _____

　　理解 _____

＊请参照随机列表。

测试时间间隔_____ 测试日期_____ 施测者姓名_____

听觉整合问卷答题卡
父母问卷

量表得分（0-4）：

0＝从不　　x0 _____
1＝很少　　x1 _____
2＝通常　　x2 _____
3＝经常　　x3 _____
4＝一直　　x4 _____
总分：_____

得分＼问题	1	2	3	4	5	6	7	8	9	10
0										
1										
2										
3										
4										

请在格子里用圆点标注每个问题的分数，然后将这些点连接起来

总成绩

信心分：问题 1-2：_____
警觉分：问题 3-6：_____
意义分：问题 7-10：_____
总分：_____

测试时间间隔_____   测试日期_____   施测者姓名_____

听觉整合问卷答题卡
教师问卷

量表得分（0-4）：

0＝从不　　x0 _____
1＝很少　　x1 _____
2＝通常　　x2 _____
3＝经常　　x3 _____
4＝一直　　x4 _____
总分：_____

得分＼问题	1	2	3	4	5	6	7	8	9	10
0										
1										
2										
3										
4										

请在格子里用圆点标注每个问题的分数，然后将这些点连接起来

总成绩

信心分：问题 1-2：_____
警觉分：问题 3-6：_____
意义分：问题 7-10：_____
总分：_____

测试时间间隔_____   测试日期_____   施测者姓名_____

言语应用问卷答题卡
父母问卷

量表得分（0-4）：

0 = 从不　　x0 _____
1 = 很少　　x1 _____
2 = 通常　　x2 _____
3 = 经常　　x3 _____
4 = 一直　　x4 _____
总分：_____

问题 / 得分	1	2	3	4	5	6	7	8	9	10
0										
1										
2										
3										
4										

请在格子里用圆点标注每个问题的分数，然后将这些点连起来。

总成绩

声音控制：问题1-3：_____
言　语　声：问题4-8：_____
交流技巧：问题9-10：_____
总分：_____

测试时间间隔＿＿＿＿　　测试日期＿＿＿＿＿　　施测者姓名＿＿＿＿＿

言语应用问卷答题卡
教师问卷

量表得分（0－4）：

0＝从不　　x0＿＿＿＿＿
1＝很少　　x1＿＿＿＿＿
2＝通常　　x2＿＿＿＿＿
3＝经常　　x3＿＿＿＿＿
4＝一直　　x4＿＿＿＿＿
总分：＿＿＿＿＿

得分＼问题	1	2	3	4	5	6	7	8	9	10
0										
1										
2										
3										
4										

请在格子里用圆点标注每个问题的分数，然后将这些点连起来。

总成绩

声音控制：问题1－3：＿＿＿＿＿
言　语　声：问题4－8：＿＿＿＿＿
交流技巧：问题9－10：＿＿＿＿＿
总分：＿＿＿＿＿

言语听觉反应评估（EARS）阶段成绩记录表

测试	成绩	配戴前		1个月		3个月		6个月		12个月		18个月		24个月	
		原始分	正确率(%)	原始分	正确率(%)	原始分	正确率(%)	原始分	正确率(%)	原始分	正确率(%)	原始分	正确率(%)	原始分	正确率(%)
听觉发展测试															
音节测试	正确识别音节（3项）														
	正确识别单词（3项）														
	正确识别音节（6项）														
	正确识别单词（6项）														
	正确识别音节（12项）														
	正确识别单词（12项）														
封闭式单音节词测试	正确识别单词（4项）														
	正确识别单词（12项）														
封闭式句子测试	正确识别的词语（水平A）														
	正确识别的词语（水平B1）														
	正确识别的词语（水平B2）														
	正确识别的词语（水平C）														
封闭式声调测试	水平A	正确识别声调（4项）													
		正确识别声韵母（4项）													
		正确识别单词（4项）													
		正确识别声调（12项）													
		正确识别声韵母（12项）													
		正确识别单词（12项）													

续表

测试		成绩	配戴前		1个月		3个月		6个月		12个月		18个月		24个月	
			原始分	正确率(%)	原始分	正确率(%)	原始分	正确率(%)	原始分	正确率(%)	原始分	正确率(%)	原始分	正确率(%)	原始分	正确率(%)
封闭式声调测试	水平B	正确识别声调（4项）														
		正确识别声韵母（4项）														
		正确识别单词（4项）														
		正确识别声调（12项）														
		正确识别声韵母（12项）														
		正确识别单词（12项）														
开放式单音节词测试		正确的声母														
		正确的韵母														
		正确的声调														
		正确的单词														
问句测试		正确的句子														
言语细节句子测试		正确的词语														
		正确的句子														
听觉整合家长问卷		信心分														
		警觉分														
		意义分														
		总成绩														
听觉整合教师问卷		信心分														
		警觉分														
		意义分														
		总成绩														
言语应用家长问卷		声音控制														
		言语声														
		交流技巧														
		总成绩														
言语应用教师问卷		声音控制														
		言语声														
		交流技巧														
		总成绩														

4

左耳：助听器____ 人工耳蜗____；右耳：助听器____ 人工耳蜗____
开机年月_____
测试时间间隔_____ 测试日期_____ 施测者姓名_____

环境声音问卷

室内	察觉	识别
音乐声		
电话铃声		
门铃声		
敲门声		
撕纸声		
吸尘器吸尘声		
洗衣机声		
器皿声		
剪刀剪物声		
微波炉声		
室外	察觉	识别
警报声（救护车声、警铃）		
飞机声		
汽车叫声		
脚步声		
鸟鸣声		
狗吠声		
人发出的声音	察觉	识别
说话声		
打喷嚏声		
咳嗽声		
笑声		

得分： 总察觉得分： 总识别得分：

N（从来没有/不知道）0
S（有时候）1
A（一直）2
总得分：
N（从来没有/不知道）0－5
NA＝声音没有呈现给儿童
S（有时候）6－30
A（一直）31－40（或者所有项的得分都为2）

测试时间间隔_____   测试日期_____   施测者姓名_____

听觉发展测试答题卡

行为	直接观察	间接观察
对环境声音的反应		
对环境声音的识别		
对鼓声的反应：引发的		
对2种乐器声音的反应：引发的		
对声音的反应：引发的		
自发的		
区分两种乐器声		
区分：鼓声大/小		
单一/重复鼓声		
对林氏五音的反应		
a		
i		
u		
sh		
s		
区分：语言声大/小		
单一/重复语言声		
长/短语言声		
区分林氏五音		
区分家庭中两个不同的名字		
在安静状态下区分自己的名字		

记分：
N（从不）　0
S（有时）　1
A（一直）　2

得分：
手术前：_____
第一次配戴：_____
配戴1个月：_____
配戴3个月：_____

配戴6个月：_____
配戴12个月：_____
配戴18个月：_____
配戴24个月：_____

测试时间间隔_____　　测试日期_____　　施测者姓名_____

音节测试答题卡

音节测试答题卡（12项）

12个单词，每个单词随机呈现两次。
随机列表：_____

反应\刺激	没有反应	鱼	牛	树	花	猴子	蝴蝶	大象	香蕉	电视机	长颈鹿	西红柿	小白兔
鱼													
牛													
树													
花													
猴子													
蝴蝶													
大象													
香蕉													
电视机													
长颈鹿													
西红柿													
小白兔													
指认错误 模仿正确													

正确识别音节数：_____（24）
正确识别单词数：_____（24）

测试时间间隔_____　　测试日期_____　　施测者姓名_____

音节测试答题卡（6项）

6个单词，每个单词随机呈现三次。

随机列表：_____

刺激＼反应	没有反应	鱼	牛	猴子	大象	小白兔	西红柿
鱼							
牛							
猴子							
大象							
小白兔							
西红柿							
指认错误 模仿正确							

正确识别音节数：_____（18）

正确识别单词数：_____（18）

测试时间间隔_____   测试日期_____   施测者姓名_____

音节测试答题卡（3项）

3个单词，每个单词随机呈现四次

随机列表：_____

反应 刺激	没有反应	鱼	大象	西红柿
鱼				
大象				
西红柿				

指认错误

模仿正确正确识别音节数：_____（12）

正确识别单词数：_____（12）

测试时间间隔_____ 测试日期_____ 施测者姓名_____

封闭式单音节测试答题卡

封闭式单音节测试答题卡（12 项）

12 个单词，每个单词随机呈现两次。
随机列表：_____

反应\刺激	没有反应	球	鞋	猫	船	灯	勺	鸭	猪	牛	笔	马	树
球													
鞋													
猫													
船													
灯													
勺													
鸭													
猪													
牛													
笔													
马													
树													
指认错误 模仿正确													

正确识别单词数：_____ (24)

测试时间间隔_____ 测试日期_____ 施测者姓名_____

封闭式单音节测试答题卡（4项）

4个单词，每个单词随机呈现三次。

随机列表：_____

反应＼刺激	没有反应	猫	树	牛	笔
猫					
树					
牛					
笔					
指认错误 模仿正确					

正确识别单词数：_____（12）

测试时间间隔_____ 测试日期_____ 施测者姓名_____

封闭式句子测试答题卡

水平 A：(2 * 3 矩阵)

序号	句 子	重复	正确词语（指认）	正确模仿
矩阵 1				
1	红色的小汽车			
2	蓝色的小自行车			
3	红色的大自行车			
4	蓝色的大自行车			
5	蓝色的大汽车			
矩阵 2				
6	四个女孩笑了			
7	两个男孩哭了			
8	两个女孩哭了			
9	两个男孩笑了			
10	四个男孩哭了			

正确识别的词语数：_____ （30）

序号	句 子	重复	正确词语（指认）	正确模仿
矩阵 3				
11	三个娃娃睡觉			
12	三只小鸟吃东西			
13	五个娃娃吃东西			
14	五只小鸟睡觉			
15	三只小鸟睡觉			
矩阵 4				
16	黑色的小猫跑着			
17	棕色的小狗跑着			
18	黑色的小狗坐着			
19	黑色的小猫坐着			
20	棕色的小狗坐着			

正确识别的词语数：_____ （30）

矩阵 1－4 总分：_____ （60）

如果连续两次测验儿童正确识别了 54 个词语(90%)或更多的词语，就前进到水平 B1 测试。

测试时间间隔_____ 测试日期_____ 施测者姓名_____

水平 B1：(3 * 3 矩阵)

序号	句　子	重复	正确词数（指认）	正确模仿
矩阵 5				
1	老师看香蕉			
2	画家看球			
3	售票员数鞋			
4	售票员买香蕉			
5	老师数鞋			
6	售票员看香蕉			
7	画家数香蕉			
8	售票员看球			
9	售票员买鞋			
10	老师看球			
11	画家买球			
12	画家数鞋			
13	售票员数球			
14	老师买香蕉			
15	画家买鞋			

正确识别的词语数：_____（45）

序号	句　子	重复	正确词数（指认）	正确模仿
矩阵 6				
16	消防员拿娃娃			
17	司机扔梨			
18	工人拿书			
19	司机画书			
20	消防员拿书			
21	司机扔娃娃			
22	工人画书			
23	司机拿娃娃			
24	工人扔书			
25	消防员画梨			
26	工人拿娃娃			
27	消防员扔梨			
28	工人画梨			
29	司机扔书			
30	消防员画娃娃			

正确识别的词语数：_____（45）

矩阵 5-6 总分：_____（90）

如果连续两次测验儿童正确识别了 81 个词语(90%)或更多的词语，就前进到水平 B2 测试。

如果连续两次测验儿童正确识别的词语少于 30 个（33%），就退回到水平 A 测试。

测试时间间隔_____   测试日期_____   施测者姓名_____

水平 B2：（3 * 4）矩阵）

序号	句　子	重复	正确词语（指认）	正确模仿
矩阵 7				
1	医生搬绿色的照片			
2	警察种红色的花			
3	农民种红色的花			
4	农民洗红色的照片			
5	医生种蓝色的花			
6	农民搬蓝色的花			
7	警察洗绿色的苹果			
8	医生搬蓝色的照片			
9	警察种蓝色的苹果			
10	医生洗绿色的苹果			
11	警察搬绿色的照片			
12	医生种蓝色的苹果			
13	农民搬绿色的苹果			
14	医生洗红色的照片			
15	警察搬蓝色的花			

正确识别的词语数：_____（60）

序号	句　子	重复	正确词语（指认）	正确模仿
矩阵 8				
16	售票员数三个勺			
17	售票员扔六个球			
18	邮递员画四个球			
19	售票员数四个积木			
20	画家画六个勺			
21	售票员数三个球			
22	邮递员扔六个勺			
23	画家数四个积木			
24	邮递员画六个球			
25	画家数三个勺			
26	画家画三个积木			
27	邮递员扔六个球			
28	画家扔四个勺			
29	邮递员画三个积木			
30	售票员数四个球			

正确识别的词语数：_____（60）

矩阵 7-8 总分：_____（120）

如果连续两次测验儿童正确识别了 108 个词语(90%)或更多的词语，就前进到水平 C 测试。
如果连续两次测验儿童正确识别的词语少于 40 个（33%），就退回到水平 B1 测试。

言语听觉反应评估答题记录用表

测试时间间隔_____   测试日期_____   施测者姓名_____

水平 C：(4 * 4 矩阵)

序号	句　子	重复	正确词语（指认）	正确模仿
矩阵 9				
1	医生剪六封信			
2	警察撕三张报纸			
3	医生烧五本书			
4	消防员拿五本书			
5	老师烧三张相片			
6	老师撕六封信			
7	医生烧两张相片			
8	老师拿六张报纸			
9	医生拿三本书			
10	警察剪两张相片			
11	老师拿五封信			
12	医生撕六张报纸			
13	警察烧三张报纸			
14	警察拿两张相片			
15	消防员剪三本书			

正确识别的词语数：_____（60）

序号	句　子	重复	正确词语（指认）	正确模仿
矩阵 10				
16	妈妈买蓝色的汽车			
17	奶奶开绿色的汽车			
18	妈妈看黑色的汽车			
19	爸爸擦绿色的火车			
20	爷爷开红色的自行车			
21	妈妈买蓝色的飞机			
22	奶奶擦红色的火车			
23	爷爷买黑色的飞机			
24	爸爸开红色的汽车			
25	爸爸看绿色的飞机			
26	奶奶买黑色的自行车			
27	妈妈看蓝色的火车			
28	爸爸擦红色的火车			
29	爷爷开绿色的汽车			
30	妈妈开绿色的自行车			

正确识别的词语数：_____（60）

矩阵 9-10 总分：_____（120）

如果连续两次测验儿童正确识别的词语少于 30 个（25%），就退回到水平 B2 测试。

测试时间间隔_____   测试日期_____   施测者姓名_____

声调测试答题卡

水平 A（每组两个单词的声韵母相同）

4 个单词（共两组）

随机列表：_____

拼音	反应\刺激	没有反应	花	画	鱼	雨
huā	花					
huà	画					
yú	鱼					
yǔ	雨					
指认错误						
模仿正确						

正确识别声调数：_____（12）

正确识别声韵母数：_____（12）

正确识别单词数：_____（12）

12 个单词（共六组）

随机列表：_____

拼音	反应\刺激	没有反应	鸭	牙	书	数	花	画	鱼	雨	毛	帽	水	睡
yā	鸭													
yá	牙													
shū	书													
shǔ	数													
huā	花													
huà	画													
yú	鱼													
yǔ	雨													
máo	毛													
mào	帽													
shuǐ	水													
shuì	睡													
指认错误														
模仿正确														

正确识别声调数：_____（24）

正确识别声韵母数：_____（24）

正确识别单词数：_____（24）

测试时间间隔_____ 测试日期_____ 施测者姓名_____

水平B（每组四个单词的声韵母相同）

4个单词（共一组）
随机列表：_____

拼音\刺激\反应	没有反应	汤	糖	躺	烫
tāng 汤					
táng 糖					
tǎng 躺					
tàng 烫					
指认错误 模仿正确					

正确识别声调数：_____（12）

正确识别声韵母数：_____（12）

正确识别单词数：_____（12）

12个单词（共三组）
随机列表_____

拼音\刺激\反应	没有反应	猪	竹	煮	柱	烟	盐	眼	燕	蝎	鞋	写	谢
zhū 猪													
zhú 竹													
zhǔ 煮													
zhù 柱													
yān 烟													
yán 盐													
yǎn 眼													
yàn 燕													
xiē 蝎													
xié 鞋													
xiě 写													
xiè 谢													
指认错误 模仿正确													

正确识别声调数：_____（24）

正确识别声韵母数：_____（24）

正确识别单词数：_____（24）

测试时间间隔_____   测试日期_____   施测者姓名_____

＊在下一次测试时，请使用不同的词表。

开放式单音节测试答题卡

20个单词，每个单词随机呈现一遍

测试词表1

随机列表_____

序号	单词	拼音	正确的声母	正确的韵母	正确的声调	正确模仿	正确理解	听见
1	笔	bǐ						
2	拍	pāi						
3	刀	dāo						
4	头	tóu						
5	飞	fēi						
6	花	huā						
7	线	xiàn						
8	手	shǒu						
9	扔	rēng						
10	伞	sǎn						
11	举	jǔ						
12	切	qiē						
13	猪	zhū						
14	床	chuáng						
15	嘴	zuǐ						
16	擦	cā						
17	门	mén						
18	牛	niú						
19	铃	líng						
20	关	guān						

正确的声母：_____ (20)

正确的韵母：_____ (20)

正确的声调：_____ (20)

正确的单词：_____ (20)

测试者总的印象（√）

　　模仿_____

　　理解_____

＊请参照随机列表。

测试时间间隔_____   测试日期_____   施测者姓名_____

20个单词，每个单词随机呈现一遍
测试词表2
随机列表_____

序号	单词	拼音	正确的声母	正确的韵母	正确的声调	正确模仿	正确理解	听见
1	线	xiàn						
2	海	hǎi						
3	包	bāo						
4	瓜	guā						
5	飞	fēi						
6	猴	hóu						
7	米	mǐ						
8	衬	chèn						
9	灯	dēng						
10	站	zhàn						
11	六	liù						
12	切	qiē						
13	书	shū						
14	窗	chuāng						
15	脆	cuì						
16	洒	sǎ						
17	家	jiā						
18	女	nǚ						
19	听	tīng						
20	钻	zuān						

正确的声母：_____ (20)
正确的韵母：_____ (20)
正确的声调：_____ (20)
正确的单词：_____ (20)

测试者总的印象（√）

  模仿 _____
  理解 _____

＊请参照随机列表。

测试时间间隔_____ 测试日期_____ 施测者姓名_____

＊在下一次测试时，请使用不同的句列。

举例：灯在哪里？
　　　你有一条狗吗？

问句测试答题卡

10个句子，每个句子随机呈现一遍
测试句列1
随机列表_____

序号	句　子	反　应	正确 模仿　　理解
1	你叫什么名字？		
2	你的衣服是什么颜色？		
3	大象有几条腿？		
4	你几岁了？		
5	小白兔喜欢吃什么？		
6	青蛙会飞吗？		
7	谁给你买的衣服？		
8	蚂蚁和大象，哪个大？		
9	你什么时候睡觉？		
10	小鱼在哪里游泳？		

正确的句子数：_____（10）

施测者认为大多数句子是被模仿的还是被理解（√）

　　　模仿 _____
　　　理解 _____

＊请参照随机列表。

言语听觉反应评估答题记录用表

测试时间间隔_____   测试日期_____   施测者姓名_____

10个句子，每个句子随机呈现一遍
测试句列2
随机列表_____

序号	句　子	反　应	正　确 模仿　　理解
1	你叫什么名字？		
2	香蕉是什么颜色的？		
3	你有几只耳朵？		
4	你几岁了？		
5	小羊喜欢吃什么？		
6	小猫会飞吗？		
7	谁爱吃骨头？		
8	西瓜和苹果，哪个小？		
9	你什么时候睡觉？		
10	小鸟在哪里飞？		

正确的句子数：_____（10）

施测者认为大多数句子是被模仿的还是被理解（√）

　　模仿 _____
　　理解 _____

＊请参照随机列表。

测试时间间隔_____   测试日期_____   施测者姓名_____

＊在下一次测试时，请使用不同的句列。

语言细节句子测试答题卡

10 个句子，每个句子随机呈现一遍

测试句列 1

随机列表_____

序号	句　子	词　语	正　确 模仿　理解
1	老师敲鼓。(4)		
2	小朋友把玩具藏起来。(9)		
3	小鸡和小鸭是好朋友。(9)		
4	小花猫在桌子下面。(8)		
5	那边有气球。(5)		
6	袜子脏了。(4)		
7	妈妈买了红苹果。(7)		
8	下雨了。(3)		
9	阿姨戴着帽子。(6)		
10	柳树发芽了。(5)		

正确的词语数：_____（60）

正确的句子数：_____（10）

施测者认为大多数句子是被模仿还是被理解（√）

　　模仿 _____

　　理解 _____

＊请参照随机列表。

言语听觉反应评估答题记录用表

测试时间间隔_____ 测试日期_____ 施测者姓名_____

10个句子，每个句子随机呈现一遍

测试句列2

随机列表_____

序号	句　子	词　语	正　确 模仿　理解
1	小猫钓鱼。(4)		
2	东东把花送给老师了。(9)		
3	小兔爱吃萝卜和青菜。(9)		
4	小青蛙在河里游泳。(8)		
5	草是绿色的。(5)		
6	猫不见了。(4)		
7	这边有块大蛋糕。(7)		
8	上学了。(3)		
9	商店里有面包。(6)		
10	小树长高了。(5)		

正确的词语数：_____（60）

正确的句子数：_____（10）

施测者认为大多数句子是被模仿还是被理解（√）

　　模仿 _____

　　理解 _____

＊请参照随机列表。

测试时间间隔_____   测试日期_____   施测者姓名_____

10 个句子，每个句子随机呈现一遍
测试句列 3
随机列表_____

序号	句　子	词　语	正　确	
			模仿	理解
1	哥哥画画。(4)			
2	老虎把小白兔吓跑了。(9)			
3	花园里有蝴蝶和蜜蜂。(9)			
4	老爷爷在河边钓鱼。(8)			
5	天上有月亮。(5)			
6	桃花开了。(4)			
7	我有一个新书包。(7)			
8	刮风了。(3)			
9	这本书是我的。(6)			
10	小鸭会游泳。(5)			

正确的词语数：_____ (60)
正确的句子数：_____ (10)

施测者认为大多数句子是被模仿还是被理解（√）

　　　模仿 _____
　　　理解 _____

＊请参照随机列表。

测试时间间隔_____ 测试日期_____ 施测者姓名_____

听觉整合问卷答题卡
父母问卷

量表得分（0-4）：

0＝从不　　x0_____
1＝很少　　x1_____
2＝通常　　x2_____
3＝经常　　x3_____
4＝一直　　x4_____
总分：_____

得分＼问题	1	2	3	4	5	6	7	8	9	10
0										
1										
2										
3										
4										

请在格子里用圆点标注每个问题的分数，然后将这些点连接起来

总成绩

信心分：问题1-2：_____
警觉分：问题3-6：_____
意义分：问题7-10：_____
总分：_____

测试时间间隔_____ 测试日期_____ 施测者姓名_____

听觉整合问卷答题卡
教师问卷

量表得分（0-4）：

0＝从不　　x0 _____
1＝很少　　x1 _____
2＝通常　　x2 _____
3＝经常　　x3 _____
4＝一直　　x4 _____
总分：_____

得分＼问题	1	2	3	4	5	6	7	8	9	10
0										
1										
2										
3										
4										

请在格子里用圆点标注每个问题的分数，然后将这些点连接起来

总成绩

信心分：问题 1-2：_____
警觉分：问题 3-6：_____
意义分：问题 7-10：_____
总分：_____

测试时间间隔_____ 测试日期_____ 施测者姓名_____

言语应用问卷答题卡
父母问卷

量表得分（0-4）：

0＝从不　　x0_____
1＝很少　　x1_____
2＝通常　　x2_____
3＝经常　　x3_____
4＝一直　　x4_____
总分：_____

得分＼问题	1	2	3	4	5	6	7	8	9	10
0										
1										
2										
3										
4										

请在格子里用圆点标注每个问题的分数，然后将这些点连起来。

总成绩

声音控制：问题1-3：_____
言　语　声：问题4-8：_____
交流技巧：问题9-10：_____
　总分：_____

测试时间间隔_____　　测试日期_____　　施测者姓名_____

言语应用问卷答题卡
教师问卷

量表得分（0-4）：

0＝从不　　x0_____
1＝很少　　x1_____
2＝通常　　x2_____
3＝经常　　x3_____
4＝一直　　x4_____

总分：_____

问题 得分	1	2	3	4	5	6	7	8	9	10
0										
1										
2										
3										
4										

请在格子里用圆点标注每个问题的分数，然后将这些点连起来。

总成绩

声音控制：问题 1-3：_____
言　语　声：问题 4-8：_____
交流技巧：问题 9-10：_____
总分：_____

言语听觉反应评估（EARS）阶段成绩记录表

测试		成绩	配戴前		1个月		3个月		6个月		12个月		18个月		24个月	
			原始分	正确率(%)	原始分	正确率(%)	原始分	正确率(%)	原始分	正确率(%)	原始分	正确率(%)	原始分	正确率(%)	原始分	正确率(%)
听觉发展测试																
音节测试	正确识别音节（3项）															
	正确识别单词（3项）															
	正确识别音节（6项）															
	正确识别单词（6项）															
	正确识别音节（12项）															
	正确识别单词（12项）															
封闭式单音节词测试	正确识别单词（4项）															
	正确识别单词（12项）															
封闭式句子测试	正确识别的词语（水平A）															
	正确识别的词语（水平B1）															
	正确识别的词语（水平B2）															
	正确识别的词语（水平C）															
封闭式声调测试	水平A	正确识别声调（4项）														
		正确识别声韵母（4项）														
		正确识别单词（4项）														
		正确识别声调（12项）														
		正确识别声韵母（12项）														
		正确识别单词（12项）														

续表

测试		成绩	配戴前		1个月		3个月		6个月		12个月		18个月		24个月	
			原始分	正确率(%)	原始分	正确率(%)	原始分	正确率(%)	原始分	正确率(%)	原始分	正确率(%)	原始分	正确率(%)	原始分	正确率(%)
封闭式声调测试	水平B	正确识别声调（4项）														
		正确识别声韵母（4项）														
		正确识别单词（4项）														
		正确识别声调（12项）														
		正确识别声韵母（12项）														
		正确识别单词（12项）														
开放式单音节词测试		正确的声母														
		正确的韵母														
		正确的声调														
		正确的单词														
问句测试		正确的句子														
言语细节句子测试		正确的词语														
		正确的句子														
听觉整合家长问卷		信心分														
		警觉分														
		意义分														
		总成绩														
听觉整合教师问卷		信心分														
		警觉分														
		意义分														
		总成绩														
言语应用家长问卷		声音控制														
		言语声														
		交流技巧														
		总成绩														
言语应用教师问卷		声音控制														
		言语声														
		交流技巧														
		总成绩														

5

左耳：助听器____ 人工耳蜗____；右耳：助听器____ 人工耳蜗____
开机年月_____
测试时间间隔_____　测试日期_____　施测者姓名_____

环境声音问卷

室内	察觉	识别
音乐声		
电话铃声		
门铃声		
敲门声		
撕纸声		
吸尘器吸尘声		
洗衣机声		
器皿声		
剪刀剪物声		
微波炉声		
室外	察觉	识别
警报声（救护车声、警铃）		
飞机声		
汽车叫声		
脚步声		
鸟鸣声		
狗吠声		
人发出的声音	察觉	识别
说话声		
打喷嚏声		
咳嗽声		
笑声		

得分：　　　　　　　　总察觉得分：　　　　　　　　总识别得分：

N（从来没有/不知道）0
S（有时候）1
A（一直）2

总得分：
N（从来没有/不知道）0-5
NA=声音没有呈现给儿童
S（有时候）6-30
A（一直）31-40（或者所有项的得分都为2）

测试时间间隔_____   测试日期_____   施测者姓名_____

听觉发展测试答题卡

行为	直接观察	间接观察
对环境声音的反应		
对环境声音的识别		
对鼓声的反应：引发的		
对2种乐器声音的反应：引发的		
对声音的反应：引发的		
自发的		
区分两种乐器声		
区分：鼓声大/小		
单一/重复鼓声		
对林氏五音的反应		
a		
i		
u		
sh		
s		
区分：语言声大/小		
单一/重复语言声		
长/短语言声		
区分林氏五音		
区分家庭中两个不同的名字		
在安静状态下区分自己的名字		

记分：　　　　　　　　得分：
N（从不）　　0　　　　手术前：_____　　　　配戴6个月：_____
S（有时）　　1　　　　第一次配戴：_____　　配戴12个月：_____
A（一直）　　2　　　　配戴1个月：_____　　 配戴18个月：_____
　　　　　　　　　　　配戴3个月：_____　　 配戴24个月：_____

测试时间间隔_____ 测试日期_____ 施测者姓名_____

音节测试答题卡

音节测试答题卡（12项）

12个单词，每个单词随机呈现两次。
随机列表：_____

刺激＼反应	没有反应	鱼	牛	树	花	猴子	蝴蝶	大象	香蕉	电视机	长颈鹿	西红柿	小白兔
鱼													
牛													
树													
花													
猴子													
蝴蝶													
大象													
香蕉													
电视机													
长颈鹿													
西红柿													
小白兔													
指认错误 模仿正确													

正确识别音节数：_____ （24）
正确识别单词数：_____ （24）

测试时间间隔_____   测试日期_____   施测者姓名_____

音节测试答题卡（6项）

6个单词，每个单词随机呈现三次。

随机列表：_____

刺激＼反应	没有反应	鱼	牛	猴子	大象	小白兔	西红柿
鱼							
牛							
猴子							
大象							
小白兔							
西红柿							
指认错误 模仿正确							

正确识别音节数：_____（18）

正确识别单词数：_____（18）

测试时间间隔_____   测试日期_____   施测者姓名_____

音节测试答题卡（3项）

3个单词，每个单词随机呈现四次

随机列表：_____

刺激 \ 反应	没有反应	鱼	大象	西红柿
鱼				
大象				
西红柿				
	指认错误 模仿正确			

正确识别音节数：_____（12）

正确识别单词数：_____（12）

测试时间间隔_____   测试日期_____   施测者姓名_____

封闭式单音节测试答题卡

封闭式单音节测试答题卡（12项）

12个单词，每个单词随机呈现两次。

随机列表：_____

反应\刺激	没有反应	球	鞋	猫	船	灯	勺	鸭	猪	牛	笔	马	树
球													
鞋													
猫													
船													
灯													
勺													
鸭													
猪													
牛													
笔													
马													
树													
指认错误模仿正确													

正确识别单词数：_____（24）

测试时间间隔_____　　测试日期_____　　施测者姓名_____

封闭式单音节测试答题卡（4项）

4个单词，每个单词随机呈现三次。
随机列表：_____

刺激＼反应	没有反应	猫	树	牛	笔
猫					
树					
牛					
笔					
指认错误 模仿正确					

正确识别单词数：_____（12）

测试时间间隔_____   测试日期_____   施测者姓名_____

封闭式句子测试答题卡

水平 A：（2 * 3 矩阵）

序号	句　　子	重复	正确词语（指认）	正确模仿
矩阵 1				
1	红色的小汽车			
2	蓝色的小自行车			
3	红色的大自行车			
4	蓝色的大自行车			
5	蓝色的大汽车			
矩阵 2				
6	四个女孩笑了			
7	两个男孩哭了			
8	两个女孩哭了			
9	两个男孩笑了			
10	四个男孩哭了			

正确识别的词语数：_____ （30）

序号	句　　子	重复	正确词语（指认）	正确模仿
矩阵 3				
11	三个娃娃睡觉			
12	三只小鸟吃东西			
13	五个娃娃吃东西			
14	五只小鸟睡觉			
15	三只小鸟睡觉			
矩阵 4				
16	黑色的小猫跑着			
17	棕色的小狗跑着			
18	黑色的小狗坐着			
19	黑色的小猫坐着			
20	棕色的小狗坐着			

正确识别的词语数：_____ （30）

矩阵 1-4 总分：_____ （60）

如果连续两次测验儿童正确识别了 54 个词语(90%)或更多的词语，就前进到水平 B1 测试。

测试时间间隔_____   测试日期_____   施测者姓名_____

水平 B1：（3＊3 矩阵）

序号	句　子	重复	正确词数（指认）	正确模仿
矩阵 5				
1	老师看香蕉			
2	画家看球			
3	售票员数鞋			
4	售票员买香蕉			
5	老师数鞋			
6	售票员看香蕉			
7	画家数香蕉			
8	售票员看球			
9	售票员买鞋			
10	老师看球			
11	画家买球			
12	画家数鞋			
13	售票员数球			
14	老师买香蕉			
15	画家买鞋			

正确识别的词语数：_____（45）

序号	句　子	重复	正确词数（指认）	正确模仿
矩阵 6				
16	消防员拿娃娃			
17	司机扔梨			
18	工人拿书			
19	司机画书			
20	消防员拿书			
21	司机扔娃娃			
22	工人画书			
23	司机拿娃娃			
24	工人扔书			
25	消防员画梨			
26	工人拿娃娃			
27	消防员扔梨			
28	工人画梨			
29	司机扔书			
30	消防员画娃娃			

正确识别的词语数：_____（45）

矩阵 5－6 总分：_____（90）

如果连续两次测验儿童正确识别了 81 个词语(90％)或更多的词语，就前进到水平 B2 测试。

如果连续两次测验儿童正确识别的词语少于 30 个（33％），就退回到水平 A 测试。

测试时间间隔_____   测试日期_____   施测者姓名_____

水平 B2：(3 * 4) 矩阵)

序号	句　子	重复	正确词语（指认）	正确模仿
矩阵 7				
1	医生搬绿色的照片			
2	警察种红色的花			
3	农民种红色的花			
4	农民洗红色的照片			
5	医生种蓝色的花			
6	农民搬蓝色的花			
7	警察洗绿色的苹果			
8	医生搬蓝色的照片			
9	警察种蓝色的苹果			
10	医生洗绿色的苹果			
11	警察搬绿色的照片			
12	医生种蓝色的苹果			
13	农民搬绿色的苹果			
14	医生洗红色的照片			
15	警察搬蓝色的花			

正确识别的词语数：_____（60）

序号	句　子	重复	正确词语（指认）	正确模仿
矩阵 8				
16	售票员数三个勺			
17	售票员扔六个球			
18	邮递员画四个球			
19	售票员数四个积木			
20	画家画六个勺			
21	售票员数三个球			
22	邮递员扔六个勺			
23	画家数四个积木			
24	邮递员画六个球			
25	画家数三个勺			
26	画家画三个积木			
27	邮递员扔六个球			
28	画家扔四个勺			
29	邮递员画三个积木			
30	售票员数四个球			

正确识别的词语数：_____（60）

矩阵 7-8 总分：_____（120）

如果连续两次测验儿童正确识别了 108 个词语(90%)或更多的词语，就前进到水平 C 测试。

如果连续两次测验儿童正确识别的词语少于 40 个（33%），就退回到水平 B1 测试。

测试时间间隔＿＿＿＿＿　　测试日期＿＿＿＿＿＿　　施测者姓名＿＿＿＿＿＿

水平 C：（4 * 4 矩阵）

序号	句　子	重复	正确词语（指认）	正确模仿
矩阵 9				
1	医生剪六封信			
2	警察撕三张报纸			
3	医生烧五本书			
4	消防员拿五本书			
5	老师烧三张相片			
6	老师撕六封信			
7	医生烧两张相片			
8	老师拿六张报纸			
9	医生拿三本书			
10	警察剪两张相片			
11	老师拿五封信			
12	医生撕六张报纸			
13	警察烧三张报纸			
14	警察拿两张相片			
15	消防员剪三本书			

正确识别的词语数：＿＿＿＿＿＿（60）

序号	句　子	重复	正确词语（指认）	正确模仿
矩阵 10				
16	妈妈买蓝色的汽车			
17	奶奶开绿色的汽车			
18	妈妈看黑色的汽车			
19	爸爸擦绿色的火车			
20	爷爷开红色的自行车			
21	妈妈买蓝色的飞机			
22	奶奶擦红色的火车			
23	爷爷买黑色的飞机			
24	爸爸开红色的汽车			
25	爸爸看绿色的飞机			
26	奶奶买黑色的自行车			
27	妈妈看蓝色的火车			
28	爸爸擦红色的火车			
29	爷爷开绿色的汽车			
30	妈妈开绿色的自行车			

正确识别的词语数：＿＿＿＿＿＿（60）

矩阵 9－10 总分：＿＿＿＿＿＿＿（120）

如果连续两次测验儿童正确识别的词语少于 30 个（25%），就退回到水平 B2 测试。

测试时间间隔_____ 测试日期_____ 施测者姓名_____

声调测试答题卡

水平 A（每组两个单词的声韵母相同）

4个单词（共两组）

随机列表：_____

拼音	反应\刺激	没有反应	花	画	鱼	雨
huā	花					
huà	画					
yú	鱼					
yǔ	雨					
指认错误						
模仿正确						

正确识别声调数：_____（12）

正确识别声韵母数：_____（12）

正确识别单词数：_____（12）

12个单词（共六组）

随机列表：_____

拼音	反应\刺激	没有反应	鸭	牙	书	数	花	画	鱼	雨	毛	帽	水	睡
yā	鸭													
yá	牙													
shū	书													
shǔ	数													
huā	花													
huà	画													
yú	鱼													
yǔ	雨													
máo	毛													
mào	帽													
shuǐ	水													
shuì	睡													
指认错误														
模仿正确														

正确识别声调数：_____（24）

正确识别声韵母数：_____（24）

正确识别单词数：_____（24）

测试时间间隔_____ 测试日期_____ 施测者姓名_____

水平 B（每组四个单词的声韵母相同）

4 个单词（共一组）

随机列表：_____

拼音	刺激\反应	没有反应	汤	糖	躺	烫
tāng	汤					
táng	糖					
tǎng	躺					
tàng	烫					
指认错误						
模仿正确						

正确识别声调数：_____（12）

正确识别声韵母数：_____（12）

正确识别单词数：_____（12）

12 个单词（共三组）

随机列表_____

拼音	刺激\反应	没有反应	猪	竹	煮	柱	烟	盐	眼	燕	蝎	鞋	写	谢
zhū	猪													
zhú	竹													
zhǔ	煮													
zhù	柱													
yān	烟													
yán	盐													
yǎn	眼													
yàn	燕													
xiē	蝎													
xié	鞋													
xiě	写													
xiè	谢													
指认错误														
模仿正确														

正确识别声调数：_____（24）

正确识别声韵母数：_____（24）

正确识别单词数：_____（24）

测试时间间隔_____   测试日期_____   施测者姓名_____

*在下一次测试时，请使用不同的词表。

开放式单音节测试答题卡

20个单词，每个单词随机呈现一遍
测试词表1
随机列表_____

序号	单词	拼音	正确的声母	正确的韵母	正确的声调	正确模仿	正确理解	听见
1	笔	bǐ						
2	拍	pāi						
3	刀	dāo						
4	头	tóu						
5	飞	fēi						
6	花	huā						
7	线	xiàn						
8	手	shǒu						
9	扔	rēng						
10	伞	sǎn						
11	举	jǔ						
12	切	qiē						
13	猪	zhū						
14	床	chuáng						
15	嘴	zuǐ						
16	擦	cā						
17	门	mén						
18	牛	niú						
19	铃	líng						
20	关	guān						

正确的声母：_____ (20)
正确的韵母：_____ (20)
正确的声调：_____ (20)
正确的单词：_____ (20)

测试者总的印象（√）

  模仿 _____
  理解 _____

*请参照随机列表。

测试时间间隔_____   测试日期_____   施测者姓名_____

20个单词，每个单词随机呈现一遍
测试词表2
随机列表_____

序号	单词	拼音	正确的声母	正确的韵母	正确的声调	正确模仿	正确理解	听见
1	线	xiàn						
2	海	hǎi						
3	包	bāo						
4	瓜	guā						
5	飞	fēi						
6	猴	hóu						
7	米	mǐ						
8	衬	chèn						
9	灯	dēng						
10	站	zhàn						
11	六	liù						
12	切	qiē						
13	书	shū						
14	窗	chuāng						
15	脆	cuì						
16	洒	sǎ						
17	家	jiā						
18	女	nǚ						
19	听	tīng						
20	钻	zuān						

正确的声母：_____（20）
正确的韵母：_____（20）
正确的声调：_____（20）
正确的单词：_____（20）

测试者总的印象（√）

  模仿 _____
  理解 _____

＊请参照随机列表。

测试时间间隔_____   测试日期_____   施测者姓名_____

＊在下一次测试时，请使用不同的句列。

举例：灯在哪里？
　　　你有一条狗吗？

问句测试答题卡

10个句子，每个句子随机呈现一遍

测试句列1

随机列表_____

序号	句　子	反　应	正　确	
			模仿	理解
1	你叫什么名字？			
2	你的衣服是什么颜色？			
3	大象有几条腿？			
4	你几岁了？			
5	小白兔喜欢吃什么？			
6	青蛙会飞吗？			
7	谁给你买的衣服？			
8	蚂蚁和大象，哪个大？			
9	你什么时候睡觉？			
10	小鱼在哪里游泳？			

正确的句子数：_____（10）

施测者认为大多数句子是被模仿的还是被理解（√）

　　　模仿 _____
　　　理解 _____

＊请参照随机列表。

言语听觉反应评估答题记录用表

测试时间间隔_____   测试日期_____   施测者姓名_____

10个句子，每个句子随机呈现一遍
测试句列2
随机列表_____

序号	句　子	反　应	正　确	
			模仿	理解
1	你叫什么名字？			
2	香蕉是什么颜色的？			
3	你有几只耳朵？			
4	你几岁了？			
5	小羊喜欢吃什么？			
6	小猫会飞吗？			
7	谁爱吃骨头？			
8	西瓜和苹果，哪个小？			
9	你什么时候睡觉？			
10	小鸟在哪里飞？			

正确的句子数：_____（10）

施测者认为大多数句子是被模仿的还是被理解（√）

　　模仿 _____
　　理解 _____

＊请参照随机列表。

测试时间间隔_____   测试日期_____   施测者姓名_____

*在下一次测试时,请使用不同的句列。

语言细节句子测试答题卡

10个句子,每个句子随机呈现一遍

测试句列1

随机列表_____

序号	句子	词语	正确	
			模仿	理解
1	老师敲鼓。(4)			
2	小朋友把玩具藏起来。(9)			
3	小鸡和小鸭是好朋友。(9)			
4	小花猫在桌子下面。(8)			
5	那边有气球。(5)			
6	袜子脏了。(4)			
7	妈妈买了红苹果。(7)			
8	下雨了。(3)			
9	阿姨戴着帽子。(6)			
10	柳树发芽了。(5)			

正确的词语数:_____(60)

正确的句子数:_____(10)

施测者认为大多数句子是被模仿还是被理解(√)

  模仿_____

  理解_____

*请参照随机列表。

言语听觉反应评估答题记录用表

测试时间间隔_____　　测试日期_____　　施测者姓名_____

10个句子，每个句子随机呈现一遍

测试句列 2

随机列表_____

序号	句　子	词　语	正　确	
			模仿	理解
1	小猫钓鱼。(4)			
2	东东把花送给老师了。(9)			
3	小兔爱吃萝卜和青菜。(9)			
4	小青蛙在河里游泳。(8)			
5	草是绿色的。(5)			
6	猫不见了。(4)			
7	这边有块大蛋糕。(7)			
8	上学了。(3)			
9	商店里有面包。(6)			
10	小树长高了。(5)			

正确的词语数：_____（60）

正确的句子数：_____（10）

施测者认为大多数句子是被模仿还是被理解（√）

　　模仿 _____

　　理解 _____

* 请参照随机列表。

测试时间间隔_____   测试日期_____   施测者姓名_____

10个句子，每个句子随机呈现一遍
测试句列3
随机列表_____

序号	句　子	词　语	正　确 模仿　理解
1	哥哥画画。(4)		
2	老虎把小白兔吓跑了。(9)		
3	花园里有蝴蝶和蜜蜂。(9)		
4	老爷爷在河边钓鱼。(8)		
5	天上有月亮。(5)		
6	桃花开了。(4)		
7	我有一个新书包。(7)		
8	刮风了。(3)		
9	这本书是我的。(6)		
10	小鸭会游泳。(5)		

正确的词语数：_____ (60)
正确的句子数：_____ (10)

施测者认为大多数句子是被模仿还是被理解（√）

　　模仿 _____
　　理解 _____

＊请参照随机列表。

测试时间间隔_____   测试日期_____   施测者姓名_____

听觉整合问卷答题卡
父母问卷

量表得分 (0-4):

0 = 从不   x0 _____
1 = 很少   x1 _____
2 = 通常   x2 _____
3 = 经常   x3 _____
4 = 一直   x4 _____
总分：_____

得分 \ 问题	1	2	3	4	5	6	7	8	9	10
0										
1										
2										
3										
4										

请在格子里用圆点标注每个问题的分数，然后将这些点连接起来

总成绩

信心分：问题 1-2：_____
警觉分：问题 3-6：_____
意义分：问题 7-10：_____
总分：_____

测试时间间隔_____   测试日期_____   施测者姓名_____

听觉整合问卷答题卡

教师问卷

量表得分（0-4）：

0＝从不　　x0_____
1＝很少　　x1_____
2＝通常　　x2_____
3＝经常　　x3_____
4＝一直　　x4_____
总分：_____

得分＼问题	1	2	3	4	5	6	7	8	9	10
0										
1										
2										
3										
4										

请在格子里用圆点标注每个问题的分数，然后将这些点连接起来

总成绩

信心分：问题1-2：_____
警觉分：问题3-6：_____
意义分：问题7-10：_____
总分：_____

测试时间间隔_____   测试日期_____   施测者姓名_____

言语应用问卷答题卡
父母问卷

量表得分（0-4）：

0 = 从不　　x0 _____
1 = 很少　　x1 _____
2 = 通常　　x2 _____
3 = 经常　　x3 _____
4 = 一直　　x4 _____
总分：_____

得分＼问题	1	2	3	4	5	6	7	8	9	10
0										
1										
2										
3										
4										

请在格子里用圆点标注每个问题的分数，然后将这些点连起来。

总成绩

声音控制：问题 1-3：_____
言 语 声：问题 4-8：_____
交流技巧：问题 9-10：_____
总分：_____

测试时间间隔_____ 测试日期_____ 施测者姓名_____

言语应用问卷答题卡
教师问卷

量表得分（0-4）：

0 = 从不   x0 _____
1 = 很少   x1 _____
2 = 通常   x2 _____
3 = 经常   x3 _____
4 = 一直   x4 _____

总分：_____

得分＼问题	1	2	3	4	5	6	7	8	9	10
0										
1										
2										
3										
4										

请在格子里用圆点标注每个问题的分数，然后将这些点连起来。

总成绩

声音控制：问题 1-3：_____
言　语　声：问题 4-8：_____
交流技巧：问题 9-10：_____
总分：_____

言语听觉反应评估（EARS）阶段成绩记录表

测试	成绩	配戴前		1个月		3个月		6个月		12个月		18个月		24个月	
		原始分	正确率(%)	原始分	正确率(%)	原始分	正确率(%)	原始分	正确率(%)	原始分	正确率(%)	原始分	正确率(%)	原始分	正确率(%)
听觉发展测试															
音节测试	正确识别音节（3项）														
	正确识别单词（3项）														
	正确识别音节（6项）														
	正确识别单词（6项）														
	正确识别音节（12项）														
	正确识别单词（12项）														
封闭式单音节词测试	正确识别单词（4项）														
	正确识别单词（12项）														
封闭式句子测试	正确识别的词语（水平A）														
	正确识别的词语（水平B1）														
	正确识别的词语（水平B2）														
	正确识别的词语（水平C）														
封闭式声调测试	水平A 正确识别声调（4项）														
	水平A 正确识别声韵母（4项）														
	水平A 正确识别单词（4项）														
	水平A 正确识别声调（12项）														
	水平A 正确识别声韵母（12项）														
	水平A 正确识别单词（12项）														

续表

测试		成绩	配戴前		1个月		3个月		6个月		12个月		18个月		24个月	
			原始分	正确率(%)	原始分	正确率(%)	原始分	正确率(%)	原始分	正确率(%)	原始分	正确率(%)	原始分	正确率(%)	原始分	正确率(%)
封闭式声调测试	水平B	正确识别声调（4项）														
		正确识别声韵母（4项）														
		正确识别单词（4项）														
		正确识别声调（12项）														
		正确识别声韵母（12项）														
		正确识别单词（12项）														
开放式单音节词测试		正确的声母														
		正确的韵母														
		正确的声调														
		正确的单词														
问句测试		正确的句子														
言语细节句子测试		正确的词语														
		正确的句子														
听觉整合家长问卷		信心分														
		警觉分														
		意义分														
		总成绩														
听觉整合教师问卷		信心分														
		警觉分														
		意义分														
		总成绩														
言语应用家长问卷		声音控制														
		言语声														
		交流技巧														
		总成绩														
言语应用教师问卷		声音控制														
		言语声														
		交流技巧														
		总成绩														

6

左耳：助听器____　人工耳蜗____；右耳：助听器____　人工耳蜗____

开机年月_____

测试时间间隔_____　　测试日期_____　　施测者姓名_____

环境声音问卷

室内	察觉	识别
音乐声		
电话铃声		
门铃声		
敲门声		
撕纸声		
吸尘器吸尘声		
洗衣机声		
器皿声		
剪刀剪物声		
微波炉声		
室外	察觉	识别
警报声（救护车声、警铃）		
飞机声		
汽车叫声		
脚步声		
鸟鸣声		
狗吠声		
人发出的声音	察觉	识别
说话声		
打喷嚏声		
咳嗽声		
笑声		

得分：　　　　　　　　总察觉得分：　　　　　　　　总识别得分：

N（从来没有/不知道）0

S（有时候）1

A（一直）2

总得分：

N（从来没有/不知道）0－5

NA＝声音没有呈现给儿童

S（有时候）6－30

A（一直）31－40（或者所有项的得分都为2）

测试时间间隔＿＿＿＿＿ 测试日期＿＿＿＿＿ 施测者姓名＿＿＿＿＿

听觉发展测试答题卡

行为	直接观察	间接观察
对环境声音的反应		
对环境声音的识别		
对鼓声的反应：引发的		
对2种乐器声音的反应：引发的		
对声音的反应：引发的		
自发的		
区分两种乐器声		
区分：鼓声大/小		
单一/重复鼓声		
对林氏五音的反应		
a		
i		
u		
sh		
s		
区分：语言声大/小		
单一/重复语言声		
长/短语言声		
区分林氏五音		
区分家庭中两个不同的名字		
在安静状态下区分自己的名字		

记分：
N（从不） 0
S（有时） 1
A（一直） 2

得分：
手术前：＿＿＿＿＿
第一次配戴：＿＿＿＿＿
配戴1个月：＿＿＿＿＿
配戴3个月：＿＿＿＿＿

配戴6个月：＿＿＿＿＿
配戴12个月：＿＿＿＿＿
配戴18个月：＿＿＿＿＿
配戴24个月：＿＿＿＿＿

测试时间间隔_____   测试日期_____   施测者姓名_____

音节测试答题卡

音节测试答题卡（12项）

12个单词，每个单词随机呈现两次。
随机列表：_____

反应 刺激	没有反应	鱼	牛	树	花	猴子	蝴蝶	大象	香蕉	电视机	长颈鹿	西红柿	小白兔
鱼													
牛													
树													
花													
猴子													
蝴蝶													
大象													
香蕉													
电视机													
长颈鹿													
西红柿													
小白兔													
指认错误 模仿正确													

正确识别音节数：_____（24）
正确识别单词数：_____（24）

测试时间间隔_____　　测试日期_____　　施测者姓名_____

音节测试答题卡（6项）

6个单词，每个单词随机呈现三次。

随机列表：_____

反应＼刺激	没有反应	鱼	牛	猴子	大象	小白兔	西红柿
鱼							
牛							
猴子							
大象							
小白兔							
西红柿							
指认错误 模仿正确							

正确识别音节数：_____（18）

正确识别单词数：_____（18）

测试时间间隔_____ 测试日期_____ 施测者姓名_____

音节测试答题卡（3项）

3个单词，每个单词随机呈现四次

随机列表：_____

刺激 \ 反应	没有反应	鱼	大象	西红柿
鱼				
大象				
西红柿				
指认错误 模仿正确				

正确识别音节数：_____（12）

正确识别单词数：_____（12）

测试时间间隔_____ 测试日期_____ 施测者姓名_____

封闭式单音节测试答题卡

封闭式单音节测试答题卡（12项）

12个单词，每个单词随机呈现两次。

随机列表：_____

反应＼刺激	没有反应	球	鞋	猫	船	灯	勺	鸭	猪	牛	笔	马	树
球													
鞋													
猫													
船													
灯													
勺													
鸭													
猪													
牛													
笔													
马													
树													
指认错误 模仿正确													

正确识别单词数：_____ （24）

测试时间间隔_____   测试日期_____   施测者姓名_____

封闭式单音节测试答题卡（4项）

4个单词，每个单词随机呈现三次。

随机列表：_____

刺激 \ 反应	没有反应	猫	树	牛	笔
猫					
树					
牛					
笔					
指认错误 模仿正确					

正确识别单词数：_____（12）

测试时间间隔_____   测试日期_____   施测者姓名_____

封闭式句子测试答题卡

水平 A：（2 * 3 矩阵）

序 号	句 子	重 复	正确词语（指认）	正确模仿
矩阵 1				
1	红色的小汽车			
2	蓝色的小自行车			
3	红色的大自行车			
4	蓝色的大自行车			
5	蓝色的大汽车			
矩阵 2				
6	四个女孩笑了			
7	两个男孩哭了			
8	两个女孩哭了			
9	两个男孩笑了			
10	四个男孩哭了			

正确识别词语数：_____（30）

序 号	句 子	重 复	正确词语（指认）	正确模仿
矩阵 3				
11	三个娃娃睡觉			
12	三只小鸟吃东西			
13	五个娃娃吃东西			
14	五只小鸟睡觉			
15	三只小鸟睡觉			
矩阵 4				
16	黑色的小猫跑着			
17	棕色的小狗跑着			
18	黑色的小狗坐着			
19	黑色的小猫坐着			
20	棕色的小狗坐着			

正确识别词语数：_____（30）

矩阵 1-4 总分：_____（60）

如果连续两次测验儿童正确识别了 54 个词语（90%）或更多词语，就前进到水平 B1 测试。

测试时间间隔_____ 测试日期_____ 施测者姓名_____

水平 B1：(3 * 3 矩阵)

序　号	句　子	重复	正确词数（指认）	正确模仿
矩阵 5				
1	老师看香蕉			
2	画家看球			
3	售票员数鞋			
4	售票员买香蕉			
5	老师数鞋			
6	售票员看香蕉			
7	画家数香蕉			
8	售票员看球			
9	售票员买鞋			
10	老师看球			
11	画家买球			
12	画家数鞋			
13	售票员数球			
14	老师买香蕉			
15	画家买鞋			

正确识别词语数：_____（45）

序　号	句　子	重复	正确词数（指认）	正确模仿
矩阵 6				
16	消防员拿娃娃			
17	司机扔梨			
18	工人拿书			
19	司机画书			
20	消防员拿书			
21	司机扔娃娃			
22	工人画书			
23	司机拿娃娃			
24	工人扔书			
25	消防员画梨			
26	工人拿娃娃			
27	消防员扔梨			
28	工人画梨			
29	司机扔书			
30	消防员画娃娃			

正确识别词语数：_____（45）

矩阵 5-6 总分：_____（90）

如果连续两次测验儿童正确识别了 81 个词语（90%）或更多词语，就前进到水平 B2 测试。

如果连续两次测验儿童正确识别词语少于 30 个（33%），就退回到水平 A 测试。

测试时间间隔_____　　测试日期_____　　施测者姓名_____

水平 B2：(3 * 4) 矩阵）

序　号	句　子	重　复	正确词语（指认）	正确模仿
矩阵 7				
1	医生搬绿色的照片			
2	警察种红色的花			
3	农民种红色的花			
4	农民洗红色的照片			
5	医生种蓝色的花			
6	农民搬蓝色的花			
7	警察洗绿色的苹果			
8	医生搬蓝色的照片			
9	警察种蓝色的苹果			
10	医生洗绿色的苹果			
11	警察搬绿色的照片			
12	医生种蓝色的苹果			
13	农民搬绿色的苹果			
14	医生洗红色的照片			
15	警察搬蓝色的花			

正确识别词语数：_____（60）

序　号	句　子	重　复	正确词语（指认）	正确模仿
矩阵 8				
16	售票员数三个勺			
17	售票员扔六个球			
18	邮递员画四个球			
19	售票员数四个积木			
20	画家画六个勺			
21	售票员数三个球			
22	邮递员扔六个勺			
23	画家数四个积木			
24	邮递员画六个球			
25	画家数三个勺			
26	画家画三个积木			
27	邮递员扔六个球			
28	画家扔四个勺			
29	邮递员画三个积木			
30	售票员数四个球			

正确识别词语数：_____（60）

矩阵 7-8 总分：_____（120）

如果连续两次测验儿童正确识别了 108 个词语（90%）或更多词语，就前进到水平 C 测试。

如果连续两次测验儿童正确识别词语少于 40 个（33%），就退回到水平 B1 测试。

测试时间间隔_____   测试日期_____   施测者姓名_____

水平 C：(4 * 4 矩阵)

序　号	句　子	重　复	正确词语（指认）	正确模仿
矩阵 9				
1	医生剪六封信			
2	警察撕三张报纸			
3	医生烧五本书			
4	消防员拿五本书			
5	老师烧三张相片			
6	老师撕六封信			
7	医生烧两张相片			
8	老师拿六张报纸			
9	医生拿三本书			
10	警察剪两张相片			
11	老师拿五封信			
12	医生撕六张报纸			
13	警察烧三张报纸			
14	警察拿两张相片			
15	消防员剪三本书			

正确识别词语数：_____（60）

序　号	句　子	重　复	正确词语（指认）	正确模仿
矩阵 10				
16	妈妈买蓝色的汽车			
17	奶奶开绿色的汽车			
18	妈妈看黑色的汽车			
19	爸爸擦绿色的火车			
20	爷爷开红色的自行车			
21	妈妈买蓝色的飞机			
22	奶奶擦红色的火车			
23	爷爷买黑色的飞机			
24	爸爸开红色的汽车			
25	爸爸看绿色的飞机			
26	奶奶买黑色的自行车			
27	妈妈看蓝色的火车			
28	爸爸擦红色的火车			
29	爷爷开绿色的汽车			
30	妈妈开绿色的自行车			

正确识别词语数：_____（60）

矩阵 9-10 总分：_____（120）

如果连续两次测验儿童正确识别词语少于 30 个（25%），就退回到水平 B2 测试。

测试时间间隔_____   测试日期_____   施测者姓名_____

声调测试答题卡

水平 A（每组两个单词的声韵母相同）

4 个单词（共两组）

随机列表：_____

拼音	反应\刺激	没有反应	花	画	鱼	雨
huā	花					
huà	画					
yú	鱼					
yǔ	雨					
指认错误模仿正确						

正确识别声调数：_____ （12）

正确识别声韵母数：_____ （12）

正确识别单词数：_____ （12）

12 个单词（共六组）

随机列表：_____

拼音	反应\刺激	没有反应	鸭	牙	书	数	花	画	鱼	雨	毛	帽	水	睡
yā	鸭													
yá	牙													
shū	书													
shǔ	数													
huā	花													
huà	画													
yú	鱼													
yǔ	雨													
máo	毛													
mào	帽													
shuǐ	水													
shuì	睡													
指认错误模仿正确														

正确识别声调数：_____ （24）

正确识别声韵母数：_____ （24）

正确识别单词数：_____ （24）

测试时间间隔_____   测试日期_____   施测者姓名_____

水平 B（每组四个单词的声韵母相同）

4 个单词（共一组）

随机列表：_____

拼音	刺激 \ 反应	没有反应	汤	糖	躺	烫
tāng	汤					
táng	糖					
tǎng	躺					
tàng	烫					
	指认错误 模仿正确					

正确识别声调数：_____（12）

正确识别声韵母数：_____（12）

正确识别单词数：_____（12）

12 个单词（共三组）

随机列表_____

拼音	刺激 \ 反应	没有反应	猪	竹	煮	柱	烟	盐	眼	燕	蝎	鞋	写	谢
zhū	猪													
zhú	竹													
zhǔ	煮													
zhù	柱													
yān	烟													
yán	盐													
yǎn	眼													
yàn	燕													
xiē	蝎													
xié	鞋													
xiě	写													
xiè	谢													
	指认错误 模仿正确													

正确识别声调数：_____（24）

正确识别声韵母数：_____（24）

正确识别单词数：_____（24）

测试时间间隔_____   测试日期_____   施测者姓名_____

*在下一次测试时，请使用不同的词表。

开放式单音节测试答题卡

20个单词，每个单词随机呈现一遍
测试词表1
随机列表_____

序 号	单词	拼音	正确的声母	正确的韵母	正确的声调	正确模仿	正确理解	听见
1	笔	bǐ						
2	拍	pāi						
3	刀	dāo						
4	头	tóu						
5	飞	fēi						
6	花	huā						
7	线	xiàn						
8	手	shǒu						
9	扔	rēng						
10	伞	sǎn						
11	举	jǔ						
12	切	qiē						
13	猪	zhū						
14	床	chuáng						
15	嘴	zuǐ						
16	擦	cā						
17	门	mén						
18	牛	niú						
19	铃	líng						
20	关	guān						

正确的声母：_____ (20)
正确的韵母：_____ (20)
正确的声调：_____ (20)
正确的单词：_____ (20)
测试者总的印象（√）
模仿 _____
理解 _____

*请参照随机列表。

测试时间间隔_____ 测试日期_____ 施测者姓名_____

20个单词，每个单词随机呈现一遍

测试词表2

随机列表_____

序 号	单词	拼 音	正确的声母	正确的韵母	正确的声调	正确模仿	理解	听见
1	线	xiàn						
2	海	hǎi						
3	包	bāo						
4	瓜	guā						
5	飞	fēi						
6	猴	hóu						
7	米	mǐ						
8	衬	chèn						
9	灯	dēng						
10	站	zhàn						
11	六	liù						
12	切	qiē						
13	书	shū						
14	窗	chuāng						
15	脆	cuì						
16	洒	sǎ						
17	家	jiā						
18	女	nǚ						
19	听	tīng						
20	钻	zuān						

正确的声母：_____ (20)

正确的韵母：_____ (20)

正确的声调：_____ (20)

正确的单词：_____ (20)

测试者总的印象（√）

模仿 _____

理解 _____

*请参照随机列表。

测试时间间隔_____ 测试日期_____ 施测者姓名_____

＊在下一次测试时，请使用不同的句列。

举例：灯在哪里？

你有一条狗吗？

问句测试答题卡

10个句子，每个句子随机呈现一遍

测试句列1

随机列表_____

序 号	句 子	反 应	正确 模仿　理解
1	你叫什么名字？		
2	你的衣服是什么颜色？		
3	大象有几条腿？		
4	你几岁了？		
5	小白兔喜欢吃什么？		
6	青蛙会飞吗？		
7	谁给你买的衣服？		
8	蚂蚁和大象，哪个大？		
9	你什么时候睡觉？		
10	小鱼在哪里游泳？		

正确的句子数：_____（10）

施测者认为大多数句子是被模仿的还是被理解（√）

模仿_____

理解_____

＊请参照随机列表。

言语听觉反应评估答题记录用表

测试时间间隔_____　　测试日期_____　　施测者姓名_____

10个句子，每个句子随机呈现一遍

测试句列 2

随机列表_____

序　号	句　子	反　应	正确 模仿　　理解
1	你叫什么名字?		
2	香蕉是什么颜色的?		
3	你有几只耳朵?		
4	你几岁了?		
5	小羊喜欢吃什么?		
6	小猫会飞吗?		
7	谁爱吃骨头?		
8	西瓜和苹果，哪个小?		
9	你什么时候睡觉?		
10	小鸟在哪里飞?		

正确的句子数：_____（10）

施测者认为大多数句子是被模仿的还是被理解（√）

模仿_____

理解_____

＊请参照随机列表。

测试时间间隔_____   测试日期_____   施测者姓名_____

＊在下一次测试时，请使用不同的句列。

语言细节句子测试答题卡

10个句子，每个句子随机呈现一遍

测试句列1

随机列表_____

序 号	句 子	词 语	正确 模仿　理解
1	老师敲鼓。(4)		
2	小朋友把玩具藏起来。(9)		
3	小鸡和小鸭是好朋友。(9)		
4	小花猫在桌子下面。(8)		
5	那边有气球。(5)		
6	袜子脏了。(4)		
7	妈妈买了红苹果。(7)		
8	下雨了。(3)		
9	阿姨戴着帽子。(6)		
10	柳树发芽了。(5)		

正确词语数：_____ (60)

正确的句子数：_____ (10)

施测者认为大多数句子是被模仿还是被理解（√）

模仿_____

理解_____

＊请参照随机列表。

言语听觉反应评估答题记录用表

测试时间间隔_____   测试日期_____   施测者姓名_____

10个句子，每个句子随机呈现一遍

测试句列2

随机列表_____

序 号	句 子	词 语	正确 模仿　理解
1	小猫钓鱼。(4)		
2	东东把花送给老师了。(9)		
3	小兔爱吃萝卜和青菜。(9)		
4	小青蛙在河里游泳。(8)		
5	草是绿色的。(5)		
6	猫不见了。(4)		
7	这边有块大蛋糕。(7)		
8	上学了。(3)		
9	商店里有面包。(6)		
10	小树长高了。(5)		

正确词语数：_____ (60)

正确的句子数：_____ (10)

施测者认为大多数句子是被模仿还是被理解（√）

模仿_____

理解_____

＊请参照随机列表。

测试时间间隔_____　　测试日期_____　　施测者姓名_____

10个句子，每个句子随机呈现一遍
测试句列3
随机列表_____

序　号	句　　子	词　语	正确　　　　　　　　　模仿　　理解
1	哥哥画画。(4)		
2	老虎把小白兔吓跑了。(9)		
3	花园里有蝴蝶和蜜蜂。(9)		
4	老爷爷在河边钓鱼。(8)		
5	天上有月亮。(5)		
6	桃花开了。(4)		
7	我有一个新书包。(7)		
8	刮风了。(3)		
9	这本书是我的。(6)		
10	小鸭会游泳。(5)		

正确词语数：_____（60）
正确的句子数：_____（10）
施测者认为大多数句子是被模仿还是被理解（√）
模仿_____
理解_____
＊请参照随机列表。

听觉整合问卷答题卡
父母问卷

测试时间间隔＿＿＿＿ 测试日期＿＿＿＿ 施测者姓名＿＿＿＿

量表得分（0－4）：

0＝从不　　x0＿＿＿＿
1＝很少　　x1＿＿＿＿
2＝通常　　x2＿＿＿＿
3＝经常　　x3＿＿＿＿
4＝一直　　x4＿＿＿＿

总分：＿＿＿＿

得分＼问题	1	2	3	4	5	6	7	8	9	10
0										
1										
2										
3										
4										

请在格子里用圆点标注每个问题的分数，然后将这些点连接起来

总成绩

信心分：问题1－2：＿＿＿＿
警觉分：问题3－6：＿＿＿＿
意义分：问题7－10：＿＿＿＿
总分：＿＿＿＿

测试时间间隔_____   测试日期_____   施测者姓名_____

听觉整合问卷答题卡

教师问卷

量表得分（0-4）：

0＝从不　　x0 _____
1＝很少　　x1 _____
2＝通常　　x2 _____
3＝经常　　x3 _____
4＝一直　　x4 _____

总分：_____

得分 \ 问题	1	2	3	4	5	6	7	8	9	10
0										
1										
2										
3										
4										

请在格子里用圆点标注每个问题的分数，然后将这些点连接起来

总成绩

信心分：问题 1-2：_____
警觉分：问题 3-6：_____
意义分：问题 7-10：_____
总分：_____

测试时间间隔_____　　测试日期_____　　施测者姓名_____

言语应用问卷答题卡
父母问卷

量表得分（0-4）：

0＝从不　　x0_____

1＝很少　　x1_____

2＝通常　　x2_____

3＝经常　　x3_____

4＝一直　　x4_____

总分：_____

得分＼问题	1	2	3	4	5	6	7	8	9	10
0										
1										
2										
3										
4										

请在格子里用圆点标注每个问题的分数，然后将这些点连起来。

总成绩

声音控制：问题1-3：_____

言语声：问题4-8：_____

交流技巧：问题9-10：_____

总分：_____

测试时间间隔_____ 测试日期_____ 施测者姓名_____

言语应用问卷答题卡

教师问卷

量表得分（0-4）：

0＝从不　　x0 _____
1＝很少　　x1 _____
2＝通常　　x2 _____
3＝经常　　x3 _____
4＝一直　　x4 _____
总分：_____

问题 得分	1	2	3	4	5	6	7	8	9	10
0										
1										
2										
3										
4										

请在格子里用圆点标注每个问题的分数，然后将这些点连起来。

总成绩

声音控制：问题 1-3：_____
言语声：问题 4-8：_____
交流技巧：问题 9-10：_____
总分：_____

言语听觉反应评估（EARS）阶段成绩记录表

测试	成绩	配戴前		1个月		3个月		6个月		12个月		18个月		24个月	
		原始分	正确率(%)	原始分	正确率(%)	原始分	正确率(%)	原始分	正确率(%)	原始分	正确率(%)	原始分	正确率(%)	原始分	正确率(%)
听觉发展测试															
音节测试	正确识别音节（3项）														
	正确识别单词（3项）														
	正确识别音节（6项）														
	正确识别单词（6项）														
	正确识别音节（12项）														
	正确识别单词（12项）														
封闭式单音节词测试	正确识别单词（4项）														
	正确识别单词（12项）														
封闭式句子测试	正确识别词语（水平A）														
	正确识别词语（水平B1）														
	正确识别词语（水平B2）														
	正确识别词语（水平C）														
封闭式声调测试	水平A	正确识别声调（4项）														
		正确识别声韵母（4项）														
		正确识别单词（4项）														
		正确识别声调（12项）														
		正确识别声韵母（12项）														
		正确识别单词（12项）														

续表

测试		成绩	配戴前		1个月		3个月		6个月		12个月		18个月		24个月	
			原始分	正确率(%)	原始分	正确率(%)	原始分	正确率(%)	原始分	正确率(%)	原始分	正确率(%)	原始分	正确率(%)	原始分	正确率(%)
封闭式声调测试	水平B	正确识别声调（4项）														
		正确识别声韵母（4项）														
		正确识别单词（4项）														
		正确识别声调（12项）														
		正确识别声韵母（12项）														
		正确识别单词（12项）														
开放式单音节词测试		正确的声母														
		正确的韵母														
		正确的声调														
		正确的单词														
问句测试		正确的句子														
言语细节句子测试		正确词语														
		正确的句子														
听觉整合家长问卷		信心分														
		警觉分														
		意义分														
		总成绩														
听觉整合教师问卷		信心分														
		警觉分														
		意义分														
		总成绩														
言语应用家长问卷		声音控制														
		言语声														
		交流技巧														
		总成绩														
言语应用教师问卷		声音控制														
		言语声														
		交流技巧														
		总成绩														

7

左耳：助听器____人工耳蜗；右耳：助听器____人工耳蜗____
开机年月_____
测试时间间隔_____测试日期_____施测者姓名_____

环境声音问卷

室内	察觉	识别
音乐声		
电话铃声		
门铃声		
敲门声		
撕纸声		
吸尘器吸尘声		
洗衣机声		
器皿声		
剪刀剪物声		
微波炉声		
室外	察觉	识别
警报声（救护车声、警铃）		
飞机声		
汽车叫声		
脚步声		
鸟鸣声		
狗吠声		
人发出的声音	察觉	识别
说话声		
打喷嚏声		
咳嗽声		
笑声		

得分：   总察觉得分：   总识别得分：

N（从来没有/不知道）0
S（有时候）1
A（一直）2
总得分：
N（从来没有/不知道）0-5
NA=声音没有呈现给儿童
S（有时候）6-30
A（一直）31-40（或者所有项的得分都为2）

测试时间间隔_____ 测试日期_____ 施测者姓名_____

听觉发展测试答题卡

行为	直接观察	间接观察
对环境声音的反应		
对环境声音的识别		
对鼓声的反应：引发的		
对2种乐器声音的反应：引发的		
对声音的反应：引发的		
自发的		
区分两种乐器声		
区分：鼓声大/小		
单一/重 复鼓声		
对林氏五音的反应		
a		
i		
u		
sh		
s		
区分：语言声大/小		
单一/重 复语言声		
长/短语言声		
区分林氏五音		
区分家庭中两个不同的名字		
在安静状态下区分自己的名字		

记分：　　　　　　　得分：

N（从不）　　0　　　手术前：_____　　　　配戴6个月：_____

S（有时）　　1　　　第一次配戴：_____　　配戴12个月：_____

A（一直）　　2　　　配戴1个月：_____　　 配戴18个月：_____

　　　　　　　　　　配戴3个月：_____　　 配戴24个月：_____

言语听觉反应评估答题记录用表 ·213·

测试时间间隔_____ 测试日期_____ 施测者姓名_____

音节测试答题卡

音节测试答题卡（12项）

12个单词，每个单词随机呈现两次。
随机列表：_____

反应\刺激	没有反应	鱼	牛	树	花	猴子	蝴蝶	大象	香蕉	电视机	长颈鹿	西红柿	小白兔
鱼													
牛													
树													
花													
猴子													
蝴蝶													
大象													
香蕉													
电视机													
长颈鹿													
西红柿													
小白兔													
指认错误 模仿正确													

正确识别音节数：_____（24）

正确识别单词数：_____（24）

测试时间间隔_____　　测试日期_____　　施测者姓名_____

音节测试答题卡（6项）

6个单词，每个单词随机呈现三次。

随机列表：_____

刺激 \ 反应	没有反应	鱼	牛	猴子	大象	小白兔	西红柿
鱼							
牛							
猴子							
大象							
小白兔							
西红柿							
指认错误 模仿正确							

正确识别音节数：_____（18）

正确识别单词数：_____（18）

测试时间间隔_____ 测试日期_____ 施测者姓名_____

音节测试答题卡（3项）

3个单词，每个单词随机呈现四次

随机列表：_____

反应　　　　刺激	没有反应	鱼	大象	西红柿
鱼				
大象				
西红柿				
指认错误 模仿正确				

正确识别音节数：_____（12）

正确识别单词数：_____（12）

测试时间间隔_____   测试日期_____   施测者姓名_____

封闭式单音节测试答题卡

封闭式单音节测试答题卡（12项）

12个单词，每个单词随机呈现两次。

随机列表：_____

刺激＼反应	没有反应	球	鞋	猫	船	灯	勺	鸭	猪	牛	笔	马	树
球													
鞋													
猫													
船													
灯													
勺													
鸭													
猪													
牛													
笔													
马													
树													
指认错误 模仿正确													

正确识别单词数：_____ （24）

测试时间间隔_____　　测试日期_____　　施测者姓名_____

封闭式单音节测试答题卡（4项）

4个单词，每个单词随机呈现三次。

随机列表：_____

反应＼刺激	没有反应	猫	树	牛	笔
猫					
树					
牛					
笔					
指认错误 模仿正确					

正确识别单词数：_____（12）

测试时间间隔_____   测试日期_____   施测者姓名_____

封闭式句子测试答题卡

水平 A：（2 * 3 矩阵）

序　号	句　子	重　复	正确词语（指认）	正确模仿
矩阵 1				
1	红色的小汽车			
2	蓝色的小自行车			
3	红色的大自行车			
4	蓝色的大自行车			
5	蓝色的大汽车			
矩阵 2				
6	四个女孩笑了			
7	两个男孩哭了			
8	两个女孩哭了			
9	两个男孩笑了			
10	四个男孩哭了			

正确识别词语数：_____（30）

序　号	句　子	重　复	正确词语（指认）	正确模仿
矩阵 3				
11	三个娃娃睡觉			
12	三只小鸟吃东西			
13	五个娃娃吃东西			
14	五只小鸟睡觉			
15	三只小鸟睡觉			
矩阵 4				
16	黑色的小猫跑着			
17	棕色的小狗跑着			
18	黑色的小狗坐着			
19	黑色的小猫坐着			
20	棕色的小狗坐着			

正确识别词语数：_____（30）

矩阵 1-4 总分：_____（60）

如果连续两次测验儿童正确识别了 54 个词语（90%）或更多词语，就前进到水平 B1 测试。

测试时间间隔_____   测试日期_____   施测者姓名_____

水平 B1：（3＊3 矩阵）

序　号	句　子	重　复	正确词数（指认）	正确模仿
矩阵 5				
1	老师看香蕉			
2	画家看球			
3	售票员数鞋			
4	售票员买香蕉			
5	老师数鞋			
6	售票员看香蕉			
7	画家数香蕉			
8	售票员看球			
9	售票员买鞋			
10	老师看球			
11	画家买球			
12	画家数鞋			
13	售票员数球			
14	老师买香蕉			
15	画家买鞋			

正确识别词语数：_____ （45）

序　号	句　子	重　复	正确词数（指认）	正确模仿
矩阵 6				
16	消防员拿娃娃			
17	司机扔梨			
18	工人拿书			
19	司机画书			
20	消防员拿书			
21	司机扔娃娃			
22	工人画书			
23	司机拿娃娃			
24	工人扔书			
25	消防员画梨			
26	工人拿娃娃			
27	消防员扔梨			
28	工人画梨			
29	司机扔书			
30	消防员画娃娃			

正确识别词语数：_____ （45）

矩阵 5－6 总分：_____ （90）

如果连续两次测验儿童正确识别了 81 个词语（90%）或更多词语，就前进到水平 B2 测试。

如果连续两次测验儿童正确识别词语少于 30 个（33%），就退回到水平 A 测试。

测试时间间隔_____　　　测试日期_____　　　施测者姓名_____

水平 B2：(3 * 4) 矩阵)

序　号	句　子	重　复	正确词语（指认）	正确模仿
矩阵 7				
1	医生搬绿色的照片			
2	警察种红色的花			
3	农民种红色的花			
4	农民洗红色的照片			
5	医生种蓝色的花			
6	农民搬蓝色的花			
7	警察洗绿色的苹果			
8	医生搬蓝色的照片			
9	警察种蓝色的苹果			
10	医生洗绿色的苹果			
11	警察搬绿色的照片			
12	医生种蓝色的苹果			
13	农民搬绿色的苹果			
14	医生洗红色的照片			
15	警察搬蓝色的花			

正确识别词语数：_____（60）

序　号	句　子	重　复	正确词语（指认）	正确模仿
矩阵 8				
16	售票员数三个勺			
17	售票员扔六个球			
18	邮递员画四个球			
19	售票员数四个积木			
20	画家画六个勺			
21	售票员数三个球			
22	邮递员扔六个勺			
23	画家数四个积木			
24	邮递员画六个球			
25	画家数三个勺			
26	画家画三个积木			
27	邮递员扔六个球			
28	画家扔四个勺			
29	邮递员画三个积木			
30	售票员数四个球			

正确识别词语数：_____（60）

矩阵 7-8 总分：_____（120）

如果连续两次测验儿童正确识别了 108 个词语（90%）或更多词语，就前进到水平 C 测试。如果连续两次测验儿童正确识别词语少于 40 个（33%），就退回到水平 B1 测试。

测试时间间隔_____   测试日期_____   施测者姓名_____

水平 C：(4 * 4 矩阵)

序　号	句　子	重复	正确词语（指认）	正确模仿
矩阵 9				
1	医生剪六封信			
2	警察撕三张报纸			
3	医生烧五本书			
4	消防员拿五本书			
5	老师烧三张相片			
6	老师撕六封信			
7	医生烧两张相片			
8	老师拿六张报纸			
9	医生拿三本书			
10	警察剪两张相片 10			
11	老师拿五封信			
12	医生撕六张报纸			
13	警察烧三张报纸			
14	警察拿两张相片			
15	消防员剪三本书			

正确识别词语数：_____ （60）

序　号	句　子	重复	正确词语（指认）	正确模仿
矩阵 10				
16	妈妈买蓝色的汽车			
17	奶奶开绿色的汽车			
18	妈妈看黑色的汽车			
19	爸爸擦绿色的火车			
20	爷爷开红色的自行车			
21	妈妈买蓝色的飞机			
22	奶奶擦红色的火车			
23	爷爷买黑色的飞机			
24	爸爸开红色的汽车			
25	爸爸看绿色的飞机			
26	奶奶买黑色的自行车			
27	妈妈看蓝色的火车			
28	爸爸擦红色的火车			
29	爷爷开绿色的汽车			
30	妈妈开绿色的自行车			

正确识别词语数：_____ （60）
矩阵 9 - 10 总分：_____ （120）
如果连续两次测验儿童正确识别词语少于 30 个（25%），就退回到水平 B2 测试。

测试时间间隔_____   测试日期_____   施测者姓名_____

声调测试答题卡

水平 A（每组两个单词的声韵母相同）

4 个单词（共两组）

随机列表：_____

拼音	刺激\反应	没有反应	花	画	鱼	雨
huā	花					
huà	画					
yú	鱼					
yǔ	雨					
指认错误 模仿正确						

正确识别声调数：_____（12）

正确识别声韵母数：_____（12）

正确识别单词数：_____（12）

12 个单词（共六组）

随机列表：_____

拼音	刺激\反应	没有反应	鸭	牙	书	数	花	画	鱼	雨	毛	帽	水	睡
yā	鸭													
yá	牙													
shū	书													
shǔ	数													
huā	花													
huà	画													
yú	鱼													
yǔ	雨													
máo	毛													
mào	帽													
shuǐ	水													
shuì	睡													
指认错误 模仿正确														

正确识别声调数：_____（24）

正确识别声韵母数：_____（24）

正确识别单词数：_____（24）

测试时间间隔_____   测试日期_____   施测者姓名_____

水平B（每组四个单词的声韵母相同）

4个单词（共一组）

随机列表：_____

拼音	反应 刺激	没有反应	汤	糖	躺	烫
tāng	汤					
táng	糖					
tǎng	躺					
tàng	烫					
指认错误 模仿正确						

正确识别声调数：_____ （12）

正确识别声韵母数：_____ （12）

正确识别单词数：_____ （12）

12个单词（共三组）

随机列表_____

拼音	反应 刺激	没有反应	猪	竹	煮	柱	烟	盐	眼	燕	蝎	鞋	写	谢
zhū	猪													
zhú	竹													
zhǔ	煮													
zhù	柱													
yān	烟													
yán	盐													
yǎn	眼													
yàn	燕													
xiē	蝎													
xié	鞋													
xiě	写													
xiè	谢													
指认错误 模仿正确														

正确识别声调数：_____ （24）

正确识别声韵母数：_____ （24）

正确识别单词数：_____ （24）

测试时间间隔_____   测试日期_____   施测者姓名_____

＊在下一次测试时，请使用不同的词表。

开放式单音节测试答题卡

20个单词，每个单词随机呈现一遍

测试词表1

随机列表_____

序 号	单词	拼音	正确的声母	正确的韵母	正确的声调	正确 模仿 理解	听见
1	笔	bǐ					
2	拍	pāi					
3	刀	dāo					
4	头	tóu					
5	飞	fēi					
6	花	huā					
7	线	xiàn					
8	手	shǒu					
9	扔	rēng					
10	伞	sǎn					
11	举	jǔ					
12	切	qiē					
13	猪	zhū					
14	床	chuáng					
15	嘴	zuǐ					
16	擦	cā					
17	门	mén					
18	牛	niú					
19	铃	líng					
20	关	guān					

正确的声母：_____（20）

正确的韵母：_____（20）

正确的声调：_____（20）

正确的单词：_____（20）

测试者总的印象（√）

模仿_____

理解_____

＊请参照随机列表。

测试时间间隔_____ 测试日期_____ 施测者姓名_____

20个单词，每个单词随机呈现一遍

测试词表2

随机列表_____

序 号	单词	拼音	正确的声母	正确的韵母	正确的声调	正确模仿	理解	听见
1	线	xiàn						
2	海	hǎi						
3	包	bāo						
4	瓜	guā						
5	飞	fēi						
6	猴	hóu						
7	米	mǐ						
8	衬	chèn						
9	灯	dēng						
10	站	zhàn						
11	六	liù						
12	切	qiē						
13	书	shū						
14	窗	chuāng						
15	脆	cuì						
16	洒	sǎ						
17	家	jiā						
18	女	nǚ						
19	听	tīng						
20	钻	zuān						

正确的声母：_____ (20)

正确的韵母：_____ (20)

正确的声调：_____ (20)

正确的单词：_____ (20)

测试者总的印象（√）

模仿 _____

理解 _____

＊请参照随机列表。

测试时间间隔_____   测试日期_____   施测者姓名_____

＊在下一次测试时，请使用不同的句列。

举例：灯在哪里？

你有一条狗吗？

问句测试答题卡

10 个句子，每个句子随机呈现一遍

测试句列 1

随机列表_____

序号	句子	反应	正确 模仿　　理解
1	你叫什么名字？		
2	你的衣服是什么颜色？		
3	大象有几条腿？		
4	你几岁了？		
5	小白兔喜欢吃什么？		
6	青蛙会飞吗？		
7	谁给你买的衣服？		
8	蚂蚁和大象，哪个大？		
9	你什么时候睡觉？		
10	小鱼在哪里游泳？		

正确的句子数：_____（10）

施测者认为大多数句子是被模仿的还是被理解（√）

模仿_____

理解_____

＊请参照随机列表。

言语听觉反应评估答题记录用表

测试时间间隔_____　　测试日期_____　　施测者姓名_____

10个句子，每个句子随机呈现一遍

测试句列 2

随机列表_____

序 号	句　子	反 应	正确 模仿　理解
1	你叫什么名字？		
2	香蕉是什么颜色的？		
3	你有几只耳朵？		
4	你几岁了？		
5	小羊喜欢吃什么？		
6	小猫会飞吗？		
7	谁爱吃骨头？		
8	西瓜和苹果，哪个小？		
9	你什么时候睡觉？		
10	小鸟在哪里飞？		

正确的句子数：_____（10）

施测者认为大多数句子是被模仿的还是被理解（√）

模仿_____

理解_____

＊请参照随机列表。

测试时间间隔_____   测试日期_____   施测者姓名_____

＊在下一次测试时，请使用不同的句列。

语言细节句子测试答题卡

10个句子，每个句子随机呈现一遍

测试句列1

随机列表_____

序 号	句 子	词 语	正确 模仿　理解
1	老师敲鼓。(4)		
2	小朋友把玩具藏起来。(9)		
3	小鸡和小鸭是好朋友。(9)		
4	小花猫在桌子下面。(8)		
5	那边有气球。(5)		
6	袜子脏了。(4)		
7	妈妈买了红苹果。(7)		
8	下雨了。(3)		
9	阿姨戴着帽子。(6)		
10	柳树发芽了。(5)		

正确词语数：_____ (60)

正确的句子数：_____ (10)

施测者认为大多数句子是被模仿还是被理解（√）

模仿_____

理解_____

＊请参照随机列表。

言语听觉反应评估答题记录用表

测试时间间隔_____ 测试日期_____ 施测者姓名_____

10个句子，每个句子随机呈现一遍

测试句列 2

随机列表_____

序 号	句 子	词 语	正确 模仿　理解
1	小猫钓鱼。(4)		
2	东东把花送给老师了。(9)		
3	小兔爱吃萝卜和青菜。(9)		
4	小青蛙在河里游泳。(8)		
5	草是绿色的。(5)		
6	猫不见了。(4)		
7	这边有块大蛋糕。(7)		
8	上学了。(3)		
9	商店里有面包。(6)		
10	小树长高了。(5)		

正确词语数：_____ (60)

正确的句子数：_____ (10)

施测者认为大多数句子是被模仿还是被理解（√）

模仿_____

理解_____

＊请参照随机列表。

测试时间间隔_____ 测试日期_____ 施测者姓名_____
10个句子，每个句子随机呈现一遍
测试句列 3
随机列表_____

序 号	句 子	词 语	正确 模仿 理解
1	哥哥画画。(4)		
2	老虎把小白兔吓跑了。(9)		
3	花园里有蝴蝶和蜜蜂。(9)		
4	老爷爷在河边钓鱼。(8)		
5	天上有月亮。(5)		
6	桃花开了。(4)		
7	我有一个新书包。(7)		
8	刮风了。(3)		
9	这本书是我的。(6)		
10	小鸭会游泳。(5)		

正确词语数：_____ (60)
正确的句子数：_____ (10)
施测者认为大多数句子是被模仿还是被理解（√）
模仿_____
理解_____
＊请参照随机列表。

测试时间间隔_____ 测试日期_____ 施测者姓名_____

听觉整合问卷答题卡
父母问卷

量表得分（0-4）：

0 = 从不　　x0 _____
1 = 很少　　x1 _____
2 = 通常　　x2 _____
3 = 经常　　x3 _____
4 = 一直　　x4 _____

总分：_____

得分＼问题	1	2	3	4	5	6	7	8	9	10
0										
1										
2										
3										
4										

请在格子里用圆点标注每个问题的分数，然后将这些点连接起来

总成绩

信心分：问题 1-2：_____

警觉分：问题 3-6：_____

意义分：问题 7-10：_____

总分：_____

测试时间间隔_____   测试日期_____   施测者姓名_____

听觉整合问卷答题卡
教师问卷

量表得分（0-4）：
0＝从不　　x0 _____
1＝很少　　x1 _____
2＝通常　　x2 _____
3＝经常　　x3 _____
4＝一直　　x4 _____
总分：_____

得分＼问题	1	2	3	4	5	6	7	8	9	10
0										
1										
2										
3										
4										

请在格子里用圆点标注每个问题的分数，然后将这些点连接起来

_____

总成绩

信心分：问题 1-2：_____
警觉分：问题 3-6：_____
意义分：问题 7-10：_____
总分：_____

测试时间间隔_____   测试日期_____   施测者姓名_____

言语应用问卷答题卡

父母问卷

量表得分（0-4）：

0＝从不　　x0 _____

1＝很少　　x1 _____

2＝通常　　x2 _____

3＝经常　　x3 _____

4＝一直　　x4 _____

总分：_____

问题 得分	1	2	3	4	5	6	7	8	9	10
0										
1										
2										
3										
4										

请在格子里用圆点标注每个问题的分数，然后将这些点连起来。

总成绩

声音控制：问题 1-3：_____

言 语 声：问题 4-8：_____

交流技巧：问题 9-10：_____

总分：_____

测试时间间隔_____　　测试日期_____　　施测者姓名_____

言语应用问卷答题卡

教师问卷

量表得分（0-4）：

0＝从不　　x0 _____
1＝很少　　x1 _____
2＝通常　　x2 _____
3＝经常　　x3 _____
4＝一直　　x4 _____

总分：_____

得分＼问题	1	2	3	4	5	6	7	8	9	10
0										
1										
2										
3										
4										

请在格子里用圆点标注每个问题的分数，然后将这些点连起来。

总成绩

声音控制：问题 1-3：_____
言 语 声：问题 4-8：_____
交流技巧：问题 9-10：_____
总分：_____

言语听觉反应评估（EARS）阶段成绩记录表

测试		成绩	配戴前		1个月		3个月		6个月		12个月		18个月		24个月	
			原始分	正确率(%)	原始分	正确率(%)	原始分	正确率(%)	原始分	正确率(%)	原始分	正确率(%)	原始分	正确率(%)	原始分	正确率(%)
	听觉发展测试															
音节测试	正确识别音节（3项）															
	正确识别单词（3项）															
	正确识别音节（6项）															
	正确识别单词（6项）															
	正确识别音节（12项）															
	正确识别单词（12项）															
封闭式单音节词测试	正确识别单词（4项）															
	正确识别单词（12项）															
封闭式句子测试	正确识别词语（水平A）															
	正确识别词语（水平B1）															
	正确识别词语（水平B2）															
	正确识别词语（水平C）															
封闭式声调测试	水平A	正确识别声调（4项）														
		正确识别声韵母（4项）														
		正确识别单词（4项）														
		正确识别声调（12项）														
		正确识别声韵母（12项）														
		正确识别单词（12项）														

续表

测试		成绩	配戴前		1个月		3个月		6个月		12个月		18个月		24个月	
			原始分	正确率(%)	原始分	正确率(%)	原始分	正确率(%)	原始分	正确率(%)	原始分	正确率(%)	原始分	正确率(%)	原始分	正确率(%)
封闭式声调测试	水平B	正确识别声调（4项）														
		正确识别声韵母（4项）														
		正确识别单词（4项）														
		正确识别声调（12项）														
		正确识别声韵母（12项）														
		正确识别单词（12项）														
开放式单音节词测试		正确的声母														
		正确的韵母														
		正确的声调														
		正确的单词														
问句测试		正确的句子														
言语细节句子测试		正确词语														
		正确的句子														
听觉整合家长问卷		信心分														
		警觉分														
		意义分														
		总成绩														
听觉整合教师问卷		信心分														
		警觉分														
		意义分														
		总成绩														
言语应用家长问卷		声音控制														
		言语声														
		交流技巧														
		总成绩														
言语应用教师问卷		声音控制														
		言语声														
		交流技巧														
		总成绩														

8

左耳：助听器____ 人工耳蜗____ ；右耳：助听器____ 人工耳蜗_____

开机年月_____

测试时间间隔_____　　测试日期_____　　施测者姓名_____

环境声音问卷

室内	察觉	识别
音乐声		
电话铃声		
门铃声		
敲门声		
撕纸声		
吸尘器吸尘声		
洗衣机声		
器皿声		
剪刀剪物声		
微波炉声		
室外	察觉	识别
警报声（救护车声、警铃）		
飞机声		
汽车叫声		
脚步声		
鸟鸣声		
狗吠声		
人发出的声音	察觉	识别
说话声		
打喷嚏声		
咳嗽声		
笑声		

得分：　　　　　　　　总察觉得分：　　　　　　　　总识别得分：

N（从来没有/不知道）0

S（有时候）1

A（一直）2

总得分：

N（从来没有/不知道）0-5

NA=声音没有呈现给儿童

S（有时候）6-30

A（一直）31-40（或者所有项的得分都为2）

测试时间间隔_____　　测试日期_____　　施测者姓名_____

听觉发展测试答题卡

行为	直接观察	间接观察
对环境声音的反应		
对环境声音的识别		
对鼓声的反应：引发的		
对 2 种乐器声音的反应：引发的		
对声音的反应：引发的		
自发的		
区分两种乐器声		
区分：鼓声大/小		
单一/重 复鼓声		
对林氏五音的反应		
a		
i		
u		
sh		
s		
区分：语言声大/小		
单一/重 复语言声		
长/短语言声		
区分林氏五音		
区分家庭中两个不同的名字		
在安静状态下区分自己的名字		

记分：　　　　　　　得分：

N（从不）　　0　　　手术前：_____　　　　配戴 6 个月：_____

S（有时）　　1　　　第一次配戴：_____　　配戴 12 个月：_____

A（一直）　　2　　　配戴 1 个月：_____　　配戴 18 个月：_____

　　　　　　　　　　配戴 3 个月：_____　　配戴 24 个月：_____

测试时间间隔_____ 测试日期_____ 施测者姓名_____

音节测试答题卡

音节测试答题卡（12项）

12个单词，每个单词随机呈现两次。
随机列表：_____

反应＼刺激	没有反应	鱼	牛	树	花	猴子	蝴蝶	大象	香蕉	电视机	长颈鹿	西红柿	小白兔
鱼													
牛													
树													
花													
猴子													
蝴蝶													
大象													
香蕉													
电视机													
长颈鹿													
西红柿													
小白兔													
指认错误 模仿正确													

正确识别音节数：_____ （24）
正确识别单词数：_____ （24）

测试时间间隔_____ 测试日期_____ 施测者姓名_____

音节测试答题卡（6项）

6个单词，每个单词随机呈现三次。

随机列表：_____

刺激 \ 反应	没有反应	鱼	牛	猴子	大象	小白兔	西红柿
鱼							
牛							
猴子							
大象							
小白兔							
西红柿							
指认错误 模仿正确							

正确识别音节数：_____（18）

正确识别单词数：_____（18）

测试时间间隔_____　　测试日期_____　　施测者姓名_____

音节测试答题卡（3项）

3个单词，每个单词随机呈现四次
随机列表：_____

刺激 \ 反应	没有反应	鱼	大象	西红柿
鱼				
大象				
西红柿				
指认错误 模仿正确				

正确识别音节数：_____（12）
正确识别单词数：_____（12）

测试时间间隔_____　　测试日期_____　　施测者姓名_____

封闭式单音节测试答题卡

封闭式单音节测试答题卡（12项）

12个单词，每个单词随机呈现两次。

随机列表：_____

反应＼刺激	没有反应	球	鞋	猫	船	灯	勺	鸭	猪	牛	笔	马	树
球													
鞋													
猫													
船													
灯													
勺													
鸭													
猪													
牛													
笔													
马													
树													
指认错误模仿正确													

正确识别单词数：_____（24）

测试时间间隔_____　　测试日期_____　　施测者姓名_____

封闭式单音节测试答题卡（4项）

4个单词，每个单词随机呈现三次。

随机列表：_____

刺激＼反应	没有反应	猫	树	牛	笔
猫					
树					
牛					
笔					
指认错误 模仿正确					

正确识别单词数：_____（12）

测试时间间隔_____   测试日期_____   施测者姓名_____

封闭式句子测试答题卡

水平 A：（2＊3 矩阵）

序　号	句　子	重复	正确词语（指认）	正确模仿
矩阵 1				
1	红色的小汽车			
2	蓝色的小自行车			
3	红色的大自行车			
4	蓝色的大自行车			
5	蓝色的大汽车			
矩阵 2				
6	四个女孩笑了			
7	两个男孩哭了			
8	两个女孩哭了			
9	两个男孩笑了			
10	四个男孩哭了			

正确识别词语数：_____（30）

序　号	句　子	重复	正确词语（指认）	正确模仿
矩阵 3				
11	三个娃娃睡觉			
12	三只小鸟吃东西			
13	五个娃娃吃东西			
14	五只小鸟睡觉			
15	三只小鸟睡觉			
矩阵 4				
16	黑色的小猫跑着			
17	棕色的小狗跑着			
18	黑色的小狗坐着			
19	黑色的小猫坐着			
20	棕色的小狗坐着			

正确识别词语数：_____（30）

矩阵 1－4 总分：_____（60）

如果连续两次测验儿童正确识别了 54 个词语（90％）或更多词语，就前进到水平 B1 测试。

测试时间间隔_____　　测试日期_____　　施测者姓名_____

水平 B1：（3＊3 矩阵）

序　号	句　子	重　复	正确词数（指认）	正确模仿
矩阵 5				
1	老师看香蕉			
2	画家看球			
3	售票员数鞋			
4	售票员买香蕉			
5	老师数鞋			
6	售票员看香蕉			
7	画家数香蕉			
8	售票员看球			
9	售票员买鞋			
10	老师看球			
11	画家买球			
12	画家数鞋			
13	售票员数球			
14	老师买香蕉			
15	画家买鞋			

正确识别词语数：_____（45）

序　号	句　子	重　复	正确词数（指认）	正确模仿
矩阵 6				
16	消防员拿娃娃			
17	司机扔梨			
18	工人拿书			
19	司机画书			
20	消防员拿书			
21	司机扔娃娃			
22	工人画书			
23	司机拿娃娃			
24	工人扔书			
25	消防员画梨			
26	工人拿娃娃			
27	消防员扔梨			
28	工人画梨			
29	司机扔书			
30	消防员画娃娃			

正确识别词语数：_____（45）

矩阵 5-6 总分：_____（90）

如果连续两次测验儿童正确识别了 81 个词语（90%）或更多词语，就前进到水平 B2 测试。

如果连续两次测验儿童正确识别词语少于 30 个（33%），就退回到水平 A 测试。

测试时间间隔_____   测试日期_____   施测者姓名_____

水平B2：（3＊4）矩阵）

序　号	句　子	重　复	正确词语（指认）	正确模仿
矩阵7				
1	医生搬绿色的照片			
2	警察种红色的花			
3	农民种红色的花			
4	农民洗红色的照片			
5	医生种蓝色的花			
6	农民搬蓝色的花			
7	警察洗绿色的苹果			
8	医生搬蓝色的照片			
9	警察种蓝色的苹果			
10	医生洗绿色的苹果			
11	警察搬绿色的照片			
12	医生种蓝色的苹果			
13	农民搬绿色的苹果			
14	医生洗红色的照片			
15	警察搬蓝色的花			

正确识别词语数：_____（60）

序　号	句　子	重　复	正确词语（指认）	正确模仿
矩阵8				
16	售票员数三个勺			
17	售票员扔六个球			
18	邮递员画四个球			
19	售票员数四个积木			
20	画家画六个勺			
21	售票员数三个球			
22	邮递员扔六个勺			
23	画家数四个积木			
24	邮递员画六个球			
25	画家数三个勺			
26	画家画三个积木			
27	邮递员扔六个球			
28	画家扔四个勺			
29	邮递员画三个积木			
30	售票员数四个球			

正确识别词语数：_____（60）

矩阵7－8总分：_____（120）

如果连续两次测验儿童正确识别了108个词语（90%）或更多词语，就前进到水平C测试。

如果连续两次测验儿童正确识别词语少于40个（33%），就退回到水平B1测试。

测试时间间隔_____   测试日期_____   施测者姓名_____

水平 C：(4 * 4 矩阵)

序　号	句　子	重复	正确词语（指认）	正确模仿
矩阵 9				
1	医生剪六封信			
2	警察撕三张报纸			
3	医生烧五本书			
4	消防员拿五本书			
5	老师烧三张相片			
6	老师撕六封信			
7	医生烧两张相片			
8	老师拿六张报纸			
9	医生拿三本书			
10	警察剪两张相片			
11	老师拿五封信			
12	医生撕六张报纸			
13	警察烧三张报纸			
14	警察拿两张相片			
15	消防员剪三本书			

正确识别词语数：_____（60）

序　号	句　子	重复	正确词语（指认）	正确模仿
矩阵 10				
16	妈妈买蓝色的汽车			
17	奶奶开绿色的汽车			
18	妈妈看黑色的汽车			
19	爸爸擦绿色的火车			
20	爷爷开红色的自行车			
21	妈妈买蓝色的飞机			
22	奶奶擦红色的火车			
23	爷爷买黑色的飞机			
24	爸爸开红色的汽车			
25	爸爸看绿色的飞机			
26	奶奶买黑色的自行车			
27	妈妈看蓝色的火车			
28	爸爸擦红色的火车			
29	爷爷开绿色的汽车			
30	妈妈开绿色的自行车			

正确识别词语数：_____（60）

矩阵 9－10 总分：_____（120）

如果连续两次测验儿童正确识别词语少于 30 个（25%），就退回到水平 B2 测试。

测试时间间隔_____　　测试日期_____　　施测者姓名_____

声调测试答题卡

水平 A（每组两个单词的声韵母相同）

4 个单词（共两组）

随机列表：_____

拼音 \ 刺激 反应	没有反应	花	画	鱼	雨
huā　花					
huà　画					
yú　鱼					
yǔ　雨					
指认错误 模仿正确					

正确识别声调数：_____（12）

正确识别声韵母数：_____（12）

正确识别单词数：_____（12）

12 个单词（共六组）

随机列表：_____

拼音 \ 刺激 反应	没有反应	鸭	牙	书	数	花	画	鱼	雨	毛	帽	水	睡
yā　鸭													
yá　牙													
shū　书													
shǔ　数													
huā　花													
huà　画													
yú　鱼													
yǔ　雨													
máo　毛													
mào　帽													
shuǐ　水													
shuì　睡													
指认错误 模仿正确													

正确识别声调数：_____（24）

正确识别声韵母数：_____（24）

正确识别单词数：_____（24）

测试时间间隔_____   测试日期_____   施测者姓名_____

水平B（每组四个单词的声韵母相同）

4个单词（共一组）
随机列表：_____

拼音	刺激\反应	没有反应	汤	糖	躺	烫
tāng	汤					
táng	糖					
tǎng	躺					
tàng	烫					
	指认错误 模仿正确					

正确识别声调数：_____（12）

正确识别声韵母数：_____（12）

正确识别单词数：_____（12）

12个单词（共三组）
随机列表_____

拼音	刺激\反应	没有反应	猪	竹	煮	柱	烟	盐	眼	燕	蝎	鞋	写	谢
zhū	猪													
zhú	竹													
zhǔ	煮													
zhù	柱													
yān	烟													
yán	盐													
yǎn	眼													
yàn	燕													
xiē	蝎													
xié	鞋													
xiě	写													
xiè	谢													
	指认错误 模仿正确													

正确识别声调数：_____（24）

正确识别声韵母数：_____（24）

正确识别单词数：_____（24）测试时间间隔_____   测试日期_____

施测者姓名_____

*在下一次测试时，请使用不同的词表。

开放式单音节测试答题卡

20个单词，每个单词随机呈现一遍

测试词表1

随机列表_____

序 号	单词	拼 音	正确的声母	正确的韵母	正确的声调	正确 模仿	正确 理解	听见
1	笔	bǐ						
2	拍	pāi						
3	刀	dāo						
4	头	tóu						
5	飞	fēi						
6	花	huā						
7	线	xiàn						
8	手	shǒu						
9	扔	rēng						
10	伞	sǎn						
11	举	jǔ						
12	切	qiē						
13	猪	zhū						
14	床	chuáng						
15	嘴	zuǐ						
16	擦	cā						
17	门	mén						
18	牛	niú						
19	铃	líng						
20	关	guān						

正确的声母：_____（20）

正确的韵母：_____（20）

正确的声调：_____（20）

正确的单词：_____（20）

测试者总的印象（√）

模仿 _____

理解 _____

*请参照随机列表。

测试时间间隔_____ 测试日期_____ 施测者姓名_____

20个单词，每个单词随机呈现一遍

测试词表2

随机列表_____

序 号	单词	拼音	正确的声母	正确的韵母	正确的声调	正确模仿	正确理解	听见
1	线	xiàn						
2	海	hǎi						
3	包	bāo						
4	瓜	guā						
5	飞	fēi						
6	猴	hóu						
7	米	mǐ						
8	衬	chèn						
9	灯	dēng						
10	站	zhàn						
11	六	liù						
12	切	qiē						
13	书	shū						
14	窗	chuāng						
15	脆	cuì						
16	洒	sǎ						
17	家	jiā						
18	女	nǚ						
19	听	tīng						
20	钻	zuān						

正确的声母：_____（20）
正确的韵母：_____（20）
正确的声调：_____（20）
正确的单词：_____（20）
测试者总的印象（√）
模仿 _____
理解 _____

＊请参照随机列表。

测试时间间隔_____　　测试日期_____　　施测者姓名_____

＊在下一次测试时，请使用不同的句列。

举例：灯在哪里？

　　　　你有一条狗吗？

问句测试答题卡

10 个句子，每个句子随机呈现一遍

测试句列 1

随机列表_____

序　号	句　子	反　应	正确 模仿　理解
1	你叫什么名字？		
2	你的衣服是什么颜色？		
3	大象有几条腿？		
4	你几岁了？		
5	小白兔喜欢吃什么？		
6	青蛙会飞吗？		
7	谁给你买的衣服？		
8	蚂蚁和大象，哪个大？		
9	你什么时候睡觉？		
10	小鱼在哪里游泳？		

正确的句子数：_____（10）

施测者认为大多数句子是被模仿的还是被理解（√）

模仿_____

理解_____

＊请参照随机列表。

言语听觉反应评估答题记录用表

测试时间间隔_____ 测试日期_____ 施测者姓名_____

10个句子，每个句子随机呈现一遍

测试句列2

随机列表_____

序 号	句 子	反 应	正确 模仿　理解
1	你叫什么名字？		
2	香蕉是什么颜色的？		
3	你有几只耳朵？		
4	你几岁了？		
5	小羊喜欢吃什么？		
6	小猫会飞吗？		
7	谁爱吃骨头？		
8	西瓜和苹果，哪个小？		
9	你什么时候睡觉？		
10	小鸟在哪里飞？		

正确的句子数：_____（10）

施测者认为大多数句子是被模仿的还是被理解（√）

模仿_____

理解_____

＊请参照随机列表。

测试时间间隔_____ 测试日期_____ 施测者姓名_____

*在下一次测试时，请使用不同的句列。

语言细节句子测试答题卡

10个句子，每个句子随机呈现一遍
测试句列1
随机列表_____

序 号	句 子	词 语	正确 模仿　理解
1	老师敲鼓。(4)		
2	小朋友把玩具藏起来。(9)		
3	小鸡和小鸭是好朋友。(9)		
4	小花猫在桌子下面。(8)		
5	那边有气球。(5)		
6	袜子脏了。(4)		
7	妈妈买了红苹果。(7)		
8	下雨了。(3)		
9	阿姨戴着帽子。(6)		
10	柳树发芽了。(5)		

正确词语数：_____ (60)

正确的句子数：_____ (10)

施测者认为大多数句子是被模仿还是被理解（√）

模仿_____

理解_____

*请参照随机列表。

测试时间间隔_____ 测试日期_____ 施测者姓名_____

10个句子，每个句子随机呈现一遍

测试句列2

随机列表_____

序 号	句 子	词 语	正确 模仿　理解
1	小猫钓鱼。(4)		
2	东东把花送给老师了。(9)		
3	小兔爱吃萝卜和青菜。(9)		
4	小青蛙在河里游泳。(8)		
5	草是绿色的。(5)		
6	猫不见了。(4)		
7	这边有块大蛋糕。(7)		
8	上学了。(3)		
9	商店里有面包。(6)		
10	小树长高了。(5)		

正确词语数：_____（60）

正确的句子数：_____（10）

施测者认为大多数句子是被模仿还是被理解（√）

模仿_____

理解_____

＊请参照随机列表。

测试时间间隔_____   测试日期_____   施测者姓名_____

10个句子，每个句子随机呈现一遍

测试句列 3

随机列表_____

序　号	句　子	词　语	正确	
			模仿	理解
1	哥哥画画。(4)			
2	老虎把小白兔吓跑了。(9)			
3	花园里有蝴蝶和蜜蜂。(9)			
4	老爷爷在河边钓鱼。(8)			
5	天上有月亮。(5)			
6	桃花开了。(4)			
7	我有一个新书包。(7)			
8	刮风了。(3)			
9	这本书是我的。(6)			
10	小鸭会游泳。(5)			

正确词语数：_____ (60)

正确的句子数：_____ (10)

施测者认为大多数句子是被模仿还是被理解（√）

模仿_____

理解_____

＊请参照随机列表。

测试时间间隔_____   测试日期_____   施测者姓名_____

听觉整合问卷答题卡
父母问卷

量表得分（0-4）：
0＝从不   x0_____
1＝很少   x1_____
2＝通常   x2_____
3＝经常   x3_____
4＝一直   x4_____
总分：_____

得分 \ 问题	1	2	3	4	5	6	7	8	9	10
0										
1										
2										
3										
4										

请在格子里用圆点标注每个问题的分数，然后将这些点连接起来

总成绩
信心分：问题 1-2：_____
警觉分：问题 3-6：_____
意义分：问题 7-10：_____
总分：_____

测试时间间隔_____   测试日期_____   施测者姓名_____

听觉整合问卷答题卡
教师问卷

量表得分（0－4）：

0＝从不　　x0 _____

1＝很少　　x1 _____

2＝通常　　x2 _____

3＝经常　　x3 _____

4＝一直　　x4 _____

总分：_____

问题 得分	1	2	3	4	5	6	7	8	9	10
0										
1										
2										
3										
4										

请在格子里用圆点标注每个问题的分数，然后将这些点连接起来

总成绩

信心分：问题 1－2：_____

警觉分：问题 3－6：_____

意义分：问题 7－10：_____

总分：_____

测试时间间隔_____ 测试日期_____ 施测者姓名_____

言语应用问卷答题卡

父母问卷

量表得分（0-4）：

0＝从不　　x0_____
1＝很少　　x1_____
2＝通常　　x2_____
3＝经常　　x3_____
4＝一直　　x4_____
总分：_____

得分\问题	1	2	3	4	5	6	7	8	9	10
0										
1										
2										
3										
4										

请在格子里用圆点标注每个问题的分数，然后将这些点连起来。

总成绩

声音控制：问题 1-3：_____
言 语 声：问题 4-8：_____
交流技巧：问题 9-10：_____
　总分：_____

测试时间间隔_____   测试日期_____   施测者姓名_____

言语应用问卷答题卡

教师问卷

量表得分（0-4）：

0＝从不　　x0 _____
1＝很少　　x1 _____
2＝通常　　x2 _____
3＝经常　　x3 _____
4＝一直　　x4 _____

总分：_____

得分＼问题	1	2	3	4	5	6	7	8	9	10
0										
1										
2										
3										
4										

请在格子里用圆点标注每个问题的分数，然后将这些点连起来。

总成绩

声音控制：问题 1-3：_____
言 语 声：问题 4-8：_____
交流技巧：问题 9-10：_____
总分：_____

言语听觉反应评估（EARS）阶段成绩记录表

测试		成绩	配戴前		1个月		3个月		6个月		12个月		18个月		24个月	
			原始分	正确率(%)	原始分	正确率(%)	原始分	正确率(%)	原始分	正确率(%)	原始分	正确率(%)	原始分	正确率(%)	原始分	正确率(%)
听觉发展测试																
音节测试		正确识别音节（3项）														
		正确识别单词（3项）														
		正确识别音节（6项）														
		正确识别单词（6项）														
		正确识别音节（12项）														
		正确识别单词（12项）														
封闭式单音节词测试		正确识别单词（4项）														
		正确识别单词（12项）														
封闭式句子测试		正确识别词语（水平A）														
		正确识别词语（水平B1）														
		正确识别词语（水平B3/4）														
		正确识别词语（水平C）														
封闭式声调测试	水平A	正确识别声调（4项）														
		正确识别声韵母（4项）														
		正确识别单词（4项）														
		正确识别声调（12项）														
		正确识别声韵母（12项）														
		正确识别单词（12项）														

续表

测试		成绩	配戴前		1个月		3个月		6个月		12个月		18个月		24个月	
			原始分	正确率(%)	原始分	正确率(%)	原始分	正确率(%)	原始分	正确率(%)	原始分	正确率(%)	原始分	正确率(%)	原始分	正确率(%)
封闭式声调测试	水平B	正确识别声调（4项）														
		正确识别声韵母（4项）														
		正确识别单词（4项）														
		正确识别声调（12项）														
		正确识别声韵母（12项）														
		正确识别单词（12项）														
开放式单音节词测试		正确的声母														
		正确的韵母														
		正确的声调														
		正确的单词														
问句测试		正确的句子														
言语细节句子测试		正确词语														
		正确的句子														
听觉整合家长问卷		信心分														
		警觉分														
		意义分														
		总成绩														
听觉整合教师问卷		信心分														
		警觉分														
		意义分														
		总成绩														
言语应用家长问卷		声音控制														
		言语声														
		交流技巧														
		总成绩														
言语应用教师问卷		声音控制														
		言语声														
		交流技巧														
		总成绩														

9

左耳：助听器____ 人工耳蜗____；右耳：助听器____ 人工耳蜗_____
开机年月_____
测试时间间隔_____　　测试日期_____　　施测者姓名_____

环境声音问卷

室内	察觉	识别
音乐声		
电话铃声		
门铃声		
敲门声		
撕纸声		
吸尘器吸尘声		
洗衣机声		
器皿声		
剪刀剪物声		
微波炉声		
室外	察觉	识别
警报声（救护车声、警铃）		
飞机声		
汽车叫声		
脚步声		
鸟鸣声		
狗吠声		
人发出的声音	察觉	识别
说话声		
打喷嚏声		
咳嗽声		
笑声		

得分：　　　总察觉得分：　　　总识别得分：
N（从来没有/不知道）0
S（有时候）1
A（一直）2
总得分：
N（从来没有/不知道）0－5
NA＝声音没有呈现给儿童
S（有时候）6－30
A（一直）31－40（或者所有项的得分都为2）

测试时间间隔_____ 测试日期_____ 施测者姓名_____

听觉发展测试答题卡

行为	直接观察	间接观察
对环境声音的反应		
对环境声音的识别		
对鼓声的反应：引发的		
对 2 种乐器声音的反应：引发的		
对声音的反应：引发的		
自发的		
区分两种乐器声		
区分：鼓声大/小		
单一/重 复鼓声		
对林氏五音的反应		
a		
i		
u		
sh		
s		
区分：语言声大/小		
单一/重 复语言声		
长/短语言声		
区分林氏五音		
区分家庭中两个不同的名字		
在安静状态下区分自己的名字		

记分：　　　　　　　得分：

N（从不）　　0　　手术前：_____　　配戴 6 个月：_____
S（有时）　　1　　第一次配戴：_____　　配戴 12 个月：_____
A（一直）　　2　　配戴 1 个月：_____　　配戴 18 个月：_____
　　　　　　　　　配戴 3 个月：_____　　配戴 24 个月：_____

测试时间间隔_____   测试日期_____   施测者姓名_____

音节测试答题卡

音节测试答题卡（12项）

12个单词，每个单词随机呈现两次。
随机列表：_____

反应\刺激	没有反应	鱼	牛	树	花	猴子	蝴蝶	大象	香蕉	电视机	长颈鹿	西红柿	小白兔
鱼													
牛													
树													
花													
猴子													
蝴蝶													
大象													
香蕉													
电视机													
长颈鹿													
西红柿													
小白兔													
指认错误 模仿正确													

正确识别音节数：_____（24）

正确识别单词数：_____（24）

测试时间间隔_____ 测试日期_____ 施测者姓名_____

音节测试答题卡（6项）

6个单词，每个单词随机呈现三次。
随机列表：_____

反应\刺激	没有反应	鱼	牛	猴子	大象	小白兔	西红柿
鱼							
牛							
猴子							
大象							
小白兔							
西红柿							
指认错误 模仿正确							

正确识别音节数：_____（18）

正确识别单词数：_____（18）

测试时间间隔_____ 测试日期_____ 施测者姓名_____

音节测试答题卡（3项）

3个单词，每个单词随机呈现四次

随机列表：_____

刺激 \ 反应	没有反应	鱼	大象	西红柿
鱼				
大象				
西红柿				
指认错误 模仿正确				

正确识别音节数：_____（12）

正确识别单词数：_____（12）

测试时间间隔_____   测试日期_____   施测者姓名_____

封闭式单音节测试答题卡

封闭式单音节测试答题卡（12项）

12个单词，每个单词随机呈现两次。

随机列表：_____

刺激＼反应	没有反应	球	鞋	猫	船	灯	勺	鸭	猪	牛	笔	马	树
球													
鞋													
猫													
船													
灯													
勺													
鸭													
猪													
牛													
笔													
马													
树													
指认错误 模仿正确													

正确识别单词数：_____ （24）

测试时间间隔_____   测试日期_____   施测者姓名_____

封闭式单音节测试答题卡（4项）

4个单词，每个单词随机呈现三次。
随机列表：_____

反应＼刺激	没有反应	猫	树	牛	笔
猫					
树					
牛					
笔					
指认错误 模仿正确					

正确识别单词数：_____（12）

测试时间间隔_____   测试日期_____   施测者姓名_____

封闭式句子测试答题卡

水平 A：(2 * 3 矩阵)

序　号	句　子	重　复	正确词语（指认）	正确模仿
矩阵 1				
1	红色的小汽车			
2	蓝色的小自行车			
3	红色的大自行车			
4	蓝色的大自行车			
5	蓝色的大汽车			
矩阵 2				
6	四个女孩笑了			
7	两个男孩哭了			
8	两个女孩哭了			
9	两个男孩笑了			
10	四个男孩哭了			

正确识别词语数：_____（30）

序　号	句　子	重　复	正确词语（指认）	正确模仿
矩阵 3				
11	三个娃娃睡觉			
12	三只小鸟吃东西			
13	五个娃娃吃东西			
14	五只小鸟睡觉			
15	三只小鸟睡觉			
矩阵 4				
16	黑色的小猫跑着			
17	棕色的小狗跑着			
18	黑色的小狗坐着			
19	黑色的小猫坐着			
20	棕色的小狗坐着			

正确识别词语数：_____（30）

矩阵 1-4 总分：_____（60）

如果连续两次测验儿童正确识别了 54 个词语（90%）或更多词语，就前进到水平 B1 测试。

测试时间间隔_____   测试日期_____   施测者姓名_____

水平 B1：(3 * 3 矩阵)

序　号	句　子	重　复	正确词数（指认）	正确模仿
矩阵 5				
1	老师看香蕉			
2	画家看球			
3	售票员数鞋			
4	售票员买香蕉			
5	老师数鞋			
6	售票员看香蕉			
7	画家数香蕉			
8	售票员看球			
9	售票员买鞋			
10	老师看球			
11	画家买球			
12	画家数鞋			
13	售票员数球			
14	老师买香蕉			
15	画家买鞋			

正确识别词语数：_____（45）

序　号	句　子	重　复	正确词数（指认）	正确模仿
矩阵 6				
16	消防员拿娃娃			
17	司机扔梨			
18	工人拿书			
19	司机画书			
20	消防员拿书			
21	司机扔娃娃			
22	工人画书			
23	司机拿娃娃			
24	工人扔书			
25	消防员画梨			
26	工人拿娃娃			
27	消防员扔梨			
28	工人画梨			
29	司机扔书			
30	消防员画娃娃			

正确识别词语数：_____（45）

矩阵 5-6 总分：_____（90）

如果连续两次测验儿童正确识别了 81 个词语（90%）或更多词语，就前进到水平 B2 测试。

如果连续两次测验儿童正确识别词语少于 30 个（33%），就退回到水平 A 测试。

测试时间间隔_____   测试日期_____   施测者姓名_____

水平 B2：(3 * 4) 矩阵）

序 号	句 子	重复	正确词语（指认）	正确模仿
矩阵 7				
1	医生搬绿色的照片			
2	警察种红色的花			
3	农民种红色的花			
4	农民洗红色的照片			
5	医生种蓝色的花			
6	农民搬蓝色的花			
7	警察洗绿色的苹果			
8	医生搬蓝色的照片			
9	警察种蓝色的苹果			
10	医生洗绿色的苹果			
11	警察搬绿色的照片			
12	医生种蓝色的苹果			
13	农民搬绿色的苹果			
14	医生洗红色的照片			
15	警察搬蓝色的花			

正确识别词语数：_____ （60）

序 号	句 子	重复	正确词语（指认）	正确模仿
矩阵 8				
16	售票员数三个勺			
17	售票员扔六个球			
18	邮递员画四个球			
19	售票员数四个积木			
20	画家画六个勺			
21	售票员数三个球			
22	邮递员扔六个勺			
23	画家数四个积木			
24	邮递员画六个球			
25	画家数三个勺			
26	画家画三个积木			
27	邮递员扔六个球			
28	画家扔四个勺			
29	邮递员画三个积木			
30	售票员数四个球			

正确识别词语数：_____ （60）

矩阵 7-8 总分：_____ （120）

如果连续两次测验儿童正确识别了 108 个词语（90%）或更多词语，就前进到水平 C 测试。

如果连续两次测验儿童正确识别词语少于 40 个（33%），就退回到水平 B1 测试。

测试时间间隔_____   测试日期_____   施测者姓名_____

水平 C:（4＊4 矩阵）

序　号	句　子	重　复	正确词语（指认）	正确模仿
矩阵 9				
1	医生剪六封信			
2	警察撕三张报纸			
3	医生烧五本书			
4	消防员拿五本书			
5	老师烧三张相片			
6	老师撕六封信			
7	医生烧两张相片			
8	老师拿六张报纸			
9	医生拿三本书			
10	警察剪两张相片			
11	老师拿五封信			
12	医生撕六张报纸			
13	警察烧三张报纸			
14	警察拿两张相片			
15	消防员剪三本书			

正确识别词语数：_____（60）

序　号	句　子	重　复	正确词语（指认）	正确模仿
矩阵 10				
16	妈妈买蓝色的汽车			
17	奶奶开绿色的汽车			
18	妈妈看黑色的汽车			
19	爸爸擦绿色的火车			
20	爷爷开红色的自行车			
21	妈妈买蓝色的飞机			
22	奶奶擦红色的火车			
23	爷爷买黑色的飞机			
24	爸爸开红色的汽车			
25	爸爸看绿色的飞机			
26	奶奶买黑色的自行车			
27	妈妈看蓝色的火车			
28	爸爸擦红色的火车			
29	爷爷开绿色的汽车			
30	妈妈开绿色的自行车			

正确识别词语数：_____（60）

矩阵 9-10 总分：_____（120）

如果连续两次测验儿童正确识别词语少于 30 个（25%），就退回到水平 B2 测试。

测试时间间隔_____　　测试日期_____　　施测者姓名_____

声调测试答题卡

水平 A（每组两个单词的声韵母相同）

4 个单词（共两组）
随机列表：_____

拼音	反应 刺激	没有反应	花	画	鱼	雨
huā	花					
huà	画					
yú	鱼					
yǔ	雨					
指认错误 模仿正确						

正确识别声调数：_____（12）

正确识别声韵母数：_____（12）

正确识别单词数：_____（12）

12 个单词（共六组）
随机列表：_____

拼音	反应 刺激	没有反应	鸭	牙	书	数	花	画	鱼	雨	毛	帽	水	睡
yā	鸭													
yá	牙													
shū	书													
shǔ	数													
huā	花													
huà	画													
yú	鱼													
yǔ	雨													
máo	毛													
mào	帽													
shuǐ	水													
shuì	睡													
指认错误 模仿正确														

正确识别声调数：_____（24）

正确识别声韵母数：_____（24）

正确识别单词数：_____（24）

测试时间间隔_____   测试日期_____   施测者姓名_____

水平 B（每组四个单词的声韵母相同）

4 个单词（共一组）

随机列表：_____

拼音	刺激 \ 反应	没有反应	汤	糖	躺	烫
tāng	汤					
táng	糖					
tǎng	躺					
tàng	烫					
指认错误 模仿正确						

正确识别声调数：_____（12）

正确识别声韵母数：_____（12）

正确识别单词数：_____（12）

12 个单词（共三组）

随机列表_____

拼音	刺激 \ 反应	没有反应	猪	竹	煮	柱	烟	盐	眼	燕	蝎	鞋	写	谢
zhū	猪													
zhú	竹													
zhǔ	煮													
zhù	柱													
yān	烟													
yán	盐													
yǎn	眼													
yàn	燕													
xiē	蝎													
xié	鞋													
xiě	写													
xiè	谢													
指认错误 模仿正确														

正确识别声调数：_____（24）

正确识别声韵母数：_____（24）

正确识别单词数：_____（24）

测试时间间隔_____   测试日期_____   施测者姓名_____

*在下一次测试时，请使用不同的词表。

开放式单音节测试答题卡

20个单词，每个单词随机呈现一遍

测试词表1

随机列表_____

序 号	单词	拼音	正确的声母	正确的韵母	正确的声调	正确 模仿 理解	听见
1	笔	bǐ					
2	拍	pāi					
3	刀	dāo					
4	头	tóu					
5	飞	fēi					
6	花	huā					
7	线	xiàn					
8	手	shǒu					
9	扔	rēng					
10	伞	sǎn					
11	举	jǔ					
12	切	qiē					
13	猪	zhū					
14	床	chuáng					
15	嘴	zuǐ					
16	擦	cā					
17	门	mén					
18	牛	niú					
19	铃	líng					
20	关	guān					

正确的声母：_____（20）

正确的韵母：_____（20）

正确的声调：_____（20）

正确的单词：_____（20）

测试者总的印象（√）

模仿 _____

理解 _____

*请参照随机列表。

测试时间间隔_____ 测试日期_____ 施测者姓名_____

20个单词，每个单词随机呈现一遍

测试词表2

随机列表_____

序 号	单词	拼音	正确的声母	正确的韵母	正确的声调	正确模仿	正确理解	听见
1	线	xiàn						
2	海	hǎi						
3	包	bāo						
4	瓜	guā						
5	飞	fēi						
6	猴	hóu						
7	米	mǐ						
8	衬	chèn						
9	灯	dēng						
10	站	zhàn						
11	六	liù						
12	切	qiē						
13	书	shū						
14	窗	chuāng						
15	脆	cuì						
16	洒	sǎ						
17	家	jiā						
18	女	nǚ						
19	听	tīng						
20	钻	zuān						

正确的声母：_____（20）

正确的韵母：_____（20）

正确的声调：_____（20）

正确的单词：_____（20）

测试者总的印象（√）

模仿 _____

理解 _____

＊请参照随机列表。

测试时间间隔_____　　测试日期_____　　施测者姓名_____

＊在下一次测试时，请使用不同的句列。

举例：灯在哪里？

　　　　你有一条狗吗？

问句测试答题卡

10个句子，每个句子随机呈现一遍

测试句列1

随机列表_____

序　号	句　子	反　应	正确 模仿　理解
1	你叫什么名字？		
2	你的衣服是什么颜色？		
3	大象有几条腿？		
4	你几岁了？		
5	小白兔喜欢吃什么？		
6	青蛙会飞吗？		
7	谁给你买的衣服？		
8	蚂蚁和大象，哪个大？		
9	你什么时候睡觉？		
10	小鱼在哪里游泳？		

正确的句子数：_____（10）

施测者认为大多数句子是被模仿的还是被理解（√）

模仿_____

理解_____

＊请参照随机列表。

言语听觉反应评估答题记录用表

测试时间间隔_____ 测试日期_____ 施测者姓名_____

10个句子，每个句子随机呈现一遍

测试句列2

随机列表_____

序 号	句 子	反 应	正确 模仿 理解
1	你叫什么名字？		
2	香蕉是什么颜色的？		
3	你有几只耳朵？		
4	你几岁了？		
5	小羊喜欢吃什么？		
6	小猫会飞吗？		
7	谁爱吃骨头？		
8	西瓜和苹果，哪个小？		
9	你什么时候睡觉？		
10	小鸟在哪里飞？		

正确的句子数：_____（10）

施测者认为大多数句子是被模仿的还是被理解（√）

模仿_____

理解_____

＊请参照随机列表。

测试时间间隔_____   测试日期_____   施测者姓名_____

＊在下一次测试时，请使用不同的句列。

语言细节句子测试答题卡

10 个句子，每个句子随机呈现一遍

测试句列 1

随机列表_____

序 号	句 子	词 语	正确 模仿　　理解
1	老师敲鼓。(4)		
2	小朋友把玩具藏起来。(9)		
3	小鸡和小鸭是好朋友。(9)		
4	小花猫在桌子下面。(8)		
5	那边有气球。(5)		
6	袜子脏了。(4)		
7	妈妈买了红苹果。(7)		
8	下雨了。(3)		
9	阿姨戴着帽子。(6)		
10	柳树发芽了。(5)		

正确词语数：_____ (60)

正确的句子数：_____ (10)

施测者认为大多数句子是被模仿还是被理解（√）

模仿_____

理解_____

＊请参照随机列表。

言语听觉反应评估答题记录用表

测试时间间隔_____ 测试日期_____ 施测者姓名_____

10个句子，每个句子随机呈现一遍

测试句列 2

随机列表_____

序 号	句 子	词 语	正确 模仿 理解
1	小猫钓鱼。(4)		
2	东东把花送给老师了。(9)		
3	小兔爱吃萝卜和青菜。(9)		
4	小青蛙在河里游泳。(8)		
5	草是绿色的。(5)		
6	猫不见了。(4)		
7	这边有块大蛋糕。(7)		
8	上学了。(3)		
9	商店里有面包。(6)		
10	小树长高了。(5)		

正确词语数：_____ (60)

正确的句子数：_____ (10)

施测者认为大多数句子是被模仿还是被理解（√）

模仿_____

理解_____

*请参照随机列表。

测试时间间隔_____ 测试日期_____ 施测者姓名_____
10个句子，每个句子随机呈现一遍
测试句列3
随机列表_____

序 号	句 子	词 语	正确 模仿 理解
1	哥哥画画。(4)		
2	老虎把小白兔吓跑了。(9)		
3	花园里有蝴蝶和蜜蜂。(9)		
4	老爷爷在河边钓鱼。(8)		
5	天上有月亮。(5)		
6	桃花开了。(4)		
7	我有一个新书包。(7)		
8	刮风了。(3)		
9	这本书是我的。(6)		
10	小鸭会游泳。(5)		

正确词语数：_____(60)
正确的句子数：_____(10)
施测者认为大多数句子是被模仿还是被理解（√）
模仿_____
理解_____

＊请参照随机列表。

听觉整合问卷答题卡
父母问卷

测试时间间隔_____   测试日期_____   施测者姓名_____

量表得分（0-4）：
0 = 从不   x0 _____
1 = 很少   x1 _____
2 = 通常   x2 _____
3 = 经常   x3 _____
4 = 一直   x4 _____
总分：_____

得分 \ 问题	1	2	3	4	5	6	7	8	9	10
0										
1										
2										
3										
4										

请在格子里用圆点标注每个问题的分数，然后将这些点连接起来

总成绩

信心分：问题 1-2：_____
警觉分：问题 3-6：_____
意义分：问题 7-10：_____
　总分：_____

测试时间间隔＿＿＿＿＿＿＿　　测试日期＿＿＿＿＿＿＿　　施测者姓名＿＿＿＿＿＿＿

听觉整合问卷答题卡
教师问卷

量表得分（0-4）：

0＝从不　　x0 ＿＿＿＿＿＿

1＝很少　　x1 ＿＿＿＿＿＿

2＝通常　　x2 ＿＿＿＿＿＿

3＝经常　　x3 ＿＿＿＿＿＿

4＝一直　　x4 ＿＿＿＿＿＿

总分：＿＿＿＿＿＿

问题＼得分	1	2	3	4	5	6	7	8	9	10
0										
1										
2										
3										
4										

请在格子里用圆点标注每个问题的分数，然后将这些点连接起来

总成绩

信心分：问题1-2：＿＿＿＿＿＿

警觉分：问题3-6：＿＿＿＿＿＿

意义分：问题7-10：＿＿＿＿＿＿

总分：＿＿＿＿＿＿

言语应用问卷答题卡
父母问卷

测试时间间隔_____ 测试日期_____ 施测者姓名_____

量表得分（0-4）：

0＝从不　　x0_____
1＝很少　　x1_____
2＝通常　　x2_____
3＝经常　　x3_____
4＝一直　　x4_____
总分：_____

得分＼问题	1	2	3	4	5	6	7	8	9	10
0										
1										
2										
3										
4										

请在格子里用圆点标注每个问题的分数，然后将这些点连起来。

总成绩

声音控制：问题1-3：_____
言 语 声：问题4-8：_____
交流技巧：问题9-10：_____
总分：_____
测试时间间隔_____ 测试日期_____ 施测者姓名_____

言语应用问卷答题卡

教师问卷

量表得分（0-4）：

0＝从不　　x0 _____
1＝很少　　x1 _____
2＝通常　　x2 _____
3＝经常　　x3 _____
4＝一直　　x4 _____
总分：_____

问题 得分	1	2	3	4	5	6	7	8	9	10
0										
1										
2										
3										
4										

请在格子里用圆点标注每个问题的分数，然后将这些点连起来。

总成绩

声音控制：问题 1-3：_____
言 语 声：问题 4-8：_____
交流技巧：问题 9-10：_____
总分：_____

言语听觉反应评估（EARS）阶段成绩记录表

测试		成绩	配戴前		1个月		3个月		6个月		12个月		18个月		24个月	
			原始分	正确率(%)	原始分	正确率(%)	原始分	正确率(%)	原始分	正确率(%)	原始分	正确率(%)	原始分	正确率(%)	原始分	正确率(%)
听觉发展测试																
音节测试		正确识别音节（3项）														
		正确识别单词（3项）														
		正确识别音节（6项）														
		正确识别单词（6项）														
		正确识别音节（12项）														
		正确识别单词（12项）														
封闭式单音节词测试		正确识别单词（4项）														
		正确识别单词（12项）														
封闭式句子测试		正确识别词语（水平A）														
		正确识别词语（水平B1）														
		正确识别词语（水平B3/4）														
		正确识别词语（水平C）														
封闭式声调测试	水平A	正确识别声调（4项）														
		正确识别声韵母（4项）														
		正确识别单词（4项）														
		正确识别声调（12项）														
		正确识别声韵母（12项）														
		正确识别单词（12项）														

续表

测试		成绩	配戴前		1个月		3个月		6个月		12个月		18个月		24个月	
			原始分	正确率(%)	原始分	正确率(%)	原始分	正确率(%)	原始分	正确率(%)	原始分	正确率(%)	原始分	正确率(%)	原始分	正确率(%)
封闭式声调测试	水平B	正确识别声调（4项）														
		正确识别声韵母（4项）														
		正确识别单词（4项）														
		正确识别声调（12项）														
		正确识别声韵母（12项）														
		正确识别单词（12项）														
开放式单音节词测试		正确的声母														
		正确的韵母														
		正确的声调														
		正确的单词														
问句测试		正确的句子														
言语细节句子测试		正确词语														
		正确的句子														
听觉整合家长问卷		信心分														
		警觉分														
		意义分														
		总成绩														
听觉整合教师问卷		信心分														
		警觉分														
		意义分														
		总成绩														
言语应用家长问卷		声音控制														
		言语声														
		交流技巧														
		总成绩														
言语应用教师问卷		声音控制														
		言语声														
		交流技巧														
		总成绩														

学习起点评价记录用表

学习起点评价记录用表

必要感知刺激领域

起点年龄	起点行为编号	行为目标	最初评价	完成目标 年、月、日	生理年龄	备注
六周以内	1	视觉刺激	○ □ △ □			
六周或稍大	2	视觉刺激	○ □ △ □			
六周以内	3	触觉刺激	○ □ △ □			
六周或稍大	4	触觉刺激	○ □ △ □			
六周以内	5	听觉刺激	○ □ △ □			
	6	听觉刺激	○ □ △ □			
	7	吸吮	○ □ △ □			
	8	平躺位,头转向一侧	○ □ △ □			
	9	乳头—接触面颊,嘴就张开	○ □ △ □			
	10	逗弄、摇晃并抚摸婴儿的身体,可使婴儿停止哭闹	○ □ △ □			
	11	摸摸面颊,头转向乳头	○ □ △ □			
	12	发出声响,使婴儿朝发声的方向看并改变身体姿势	○ □ △ □			
	13	用逗弄引起婴儿注意,使他看你	○ □ △ □			
	14	一看到人,就停止哭泣或改变身体的姿势	○ □ △ □			
六周或稍大	15	一听到大人的声音,就停止哭泣或改变身体姿势	○ □ △ □			
	16	将婴儿抱立起来,头可以竖起来	○ □ △ □			
	17	用不同的哭泣方式来表达不同的要求	○ □ △ □			
	18	规定睡眠的时间	○ □ △ □			
	19	向四面八方伸展婴儿的手臂	○ □ △ □			
	20	追视眼前移动的物体	○ □ △ □			
	21	不接触婴儿身体、让他微笑	○ □ △ □			

续表

起点年龄	起点行为编号	行为目标	最初评价	完成目标 年、月、日	生理年龄	备注
六周或稍大	22	视线追随光源而转头	○□ △□			
	23	随着声源转头	○□ △□			
	24	注视自己的手	○□ △□			
	25	仰卧时经常踢踢脚	○□ △□			
	26	未碰奶头前，就能开口做吮吸动作	○□ △□			
	27	逗着玩时，目光接触保持3秒钟	○□ △□			
	28	俯卧时，上、下、左、右移动头	○□ △□			
	29	用手把近处的东西扒拉开	○□ △□			
	30	在俯卧姿势下，抬头5秒钟	○□ △□			
	31	在180°的视野范围内，追视移动物体	○□ △□			
	32	头转向发声的方向，寻找声源	○□ △□			
	33	支撑好后背，就能够坐起来	○□ △□			
	34	非常高兴时，会呻呀从喉咙发出声音来	○□ △□			
	35	伸出小手要抓东西	○□ △□			
	36	竖着抱婴儿时，使他能用力地把头抬起来	○□ △□			
	37	用手掌心握物体30秒钟以上	○□ △□			
	38	重复自己的声音	○□ △□			
	39	孩子俯卧时，让他用两个胳膊支撑身体，使头和胸部能够挺起来	○□ △□			
	40	看见小勺里的食物就会张嘴	○□ △□			
	41	一逗就笑出声来	○□ △□			
	42	一见到家人就微笑或停止哭泣	○□ △□			
	43	试着用肩膀翻身	○□ △□			
	44	用拇指和其他四指抓	○□ △□			
	45	呀呀学语	○□ △□			

认知发展领域

起点年龄	起点行为编号	行为目标	最初评价	完成目标 年、月、日	生理年龄	备注
0-1	1	孩子自己用手移开盖在脸上的布	○□ □△			
	2	用眼睛寻找离开视线的东西	○□ □△			
	3	把手伸进容器中，取出一件东西	○□ □△			
	4	模仿把东西放入容器中	○□ □△			
	5	在口头指令下把一件东西放入容器中	○□ □△			
	6	摇动一个用绳子绑着而能发声的玩具	○□ □△			
	7	把3件东西放入容器中，再把容器倒空	○□ □△			
	8	把一件东西换到另一只手中，以便拿其他东西	○□ □△			
	9	把玩具丢下并拾起	○□ □△			
	10	找出藏在容器中的东西	○□ □△			
	11	用3块积木排成一列火车	○□ □△			
	12	从模型板上拿出圆形块	○□ □△			
	13	在口头指导下将圆形棒插入洞板中	○□ □△			
	14	在口头指导下做一个简单的动作	○□ □△			
1-2	15	从容器中分别取出6件东西	○□ □△			
	16	你提问，让孩子指出自己或玩具娃娃身体的部位	○□ □△			
	17	模仿着搭3块积木	○□ □△			
	18	把两个完全相同的东西配对	○□ □△			
	29	任意涂写	○□ □△			
	20	当孩子听到"某某（小孩名字）在哪儿？"时，会指自己	○□ □△			
	21	在口头指示下，把5根圆形棒插入插洞板	○□ □△			
	22	把图片或照片上的东西与实物配对	○□ □△			
	23	指出图片或照片上物品的名称	○□ □△			
	24	翻开画册，找出指定的图画	○□ □△			

续表

起点年龄	起点行为编号	行为目标	最初评价	完成目标 年、月、日	生理年龄	备注
2～3	25	指导孩子找出特定的书	○□ ×□ △□			
	26	把圆形、正方形、三角形的插块插入拼图板中	○□ ×□ △□			
	27	说出图片上画的4件身边物品的名称	○□ ×□ △□			
	28	模仿画竖线	○□ ×□ △□			
	29	模仿画横线	○□ ×□ △□			
	30	模仿画圆	○□ ×□ △□			
	31	把手感相同的东西配对	○□ ×□ △□			
	32	按要求指出大小	○□ ×□ △□			
	33	按要求指出多和少	○□ ×□ △□			
	34	模仿画十字	○□ ×□ △□			
	35	颜色配对	○□ ×□ △□			
	36	按要求把东西放在其他东西之中、之上、或之下	○□ ×□ △□			
	37	只要听到声音，就能说出物体的名称	○□ ×□ △□			
	38	把4个一组的套装玩具按顺序套在一起	○□ ×□ △□			
	39	说出画片或照片上的动作	○□ ×□ △□			
	40	把圆形、正方形和三角形等跟与其形状相同的图片配对	○□ ×□ △□			
3～4	41	按顺序将5个以上大小不同的套圈套在柱子上	○□ ×□ △□			
	42	说出大的和小的东西	○□ ×□ △□			
	43	按照口头指令，指出自己或娃娃身体的10个部位	○□ ×□ △□			
	44	按照口头指令，指出男孩和女孩	○□ ×□ △□			
	45	说出东西的轻重	○□ ×□ △□			

续表

起点年龄	起点行为编号	行为目标	最初评价	完成目标年、月、日	生理年龄	备注
3-4	46	把两个部分拼成一个完整的形状	○□ ☒ △□			
	47	叙述喜欢的故事电视或电视节目中的两件事或人物	○□ ☒ △□			
	48	用话语和动作反复做手指游戏	○□ ☒ △□			
	49	用3件以上物品进行一对一配对	○□ ☒ △□			
	50	指认长短物品	○□ ☒ △□			
	51	指认高低物品	○□ ☒ △□			
	52	把用途相关的两个物体放在一起配对	○□ ☒ △□			
	53	模仿数3件东西	○□ ☒ △□			
	54	按类别把实物、画片和照片等分类	○□ ☒ △□			
	55	模仿画V形	○□ ☒ △□			
	56	在边长约10厘米的正方形纸上画对角线	○□ ☒ △□			
	57	模仿数10件物品	○□ ☒ △□			
	58	模仿用3块积木搭桥	○□ ☒ △□			
	59	按照模型搭积木或排列串珠	○□ ☒ △□			
	60	照着画贴画曲线	○□ ☒ △□			
	61	完成缺胳膊小腿的人物画	○□ ☒ △□			
	62	一次完成拼图板上的6个拼图块	○□ ☒ △□			
	63	指出两个相同和不同的物品	○□ ☒ △□			
	64	模仿画正方形	○□ ☒ △□			
	65	模仿说出3种颜色	○□ ☒ △□			
	66	说出圆形、正方形和三角形的名称	○□ ☒ △□			

续表

起点年龄	起点行为编号	行为目标	最初评价	完成目标 年、月、日	生理年龄	备注
4-5	67	按指示拿一定数目（1-5个）的东西	○□ ¤□ △□			
	68	说出5种质料不同的物品	○□ ¤□ △□			
	69	在指示下画三角形	○□ ¤□ △□			
	70	回忆看过的图片或照片上的4件东西	○□ ¤□ △□			
	71	说出与日常生活有关联的时间	○□ ¤□ △□			
	72	比较500克以下的东西，说出"较重"和"较轻"	○□ ¤□ △□			
	73	从3件东西中拿走1件，说出少了什么	○□ ¤□ △□			
	74	说出8种颜色的名称	○□ ¤□ △□			
	75	说出3枚钱币的名称	○□ ¤□ △□			
	76	将文字、数字和标识等拼音符号配对	○□ ¤□ △□			
	77	说出看到过的物品和颜色	○□ ¤□ △□			
	78	听过3次的故事，能说出故事的5个要点	○□ ¤□ △□			
	79	画一张有头、躯体和四肢的人物画	○□ ¤□ △□			
	80	唱5句歌词	○□ ¤□ △□			
	81	模仿用10块积木搭金字塔	○□ ¤□ △□			
	82	说出物品的长短	○□ ¤□ △□			
	83	按口头指示，把一件东西放在另一件东西的前边、后边或旁边	○□ ¤□ △□			
	84	拿出1-10件同样数目的物品	○□ ¤□ △□			
	85	说出或指出图片上遗漏的部分	○□ ¤□ △□			
	86	数1-20件物品	○□ ¤□ △□			
	87	理解"第一"、"中间"和"最后"的意义，并运用几个词	○□ ¤□ △□			

续表

起点年龄	起点行为编号	行为目标	最初评价	完成目标 年、月、日	生理年龄	备注
5—6	88	数20以内的数，边数边说出东西的数目	○□ ☒□ △□			
	89	读出数字1–10	○□ ☒□ △□			
	90	说出自己身体的左右	○□ ☒□ △□			
	91	按顺序说汉语拼音字母	○□ ☒□ △□			
	92	写自己的名字	○□ ☒□ △□			
	93	利用拼音字母说出5个字	○□ ☒□ △□			
	94	以宽度和长度为顺序排列10件东西	○□ ☒□ △□			
	95	按顺序排列数字1–10	○□ ☒□ △□			
	96	理解并运用"第一"、"第二"、"第三"的意义	○□ ☒□ △□			
	97	指出你说的数字1–25	○□ ☒□ △□			
	98	按照样子模仿画菱形	○□ ☒□ △□			
	99	解开如图所绘简单迷宫	○□ ☒□ △□			
	100	按顺序说出星期几	○□ ☒□ △□			
	101	利用3件物品做加减法	○□ ☒□ △□			
	102	说出自己的生日	○□ ☒□ △□			
	103	念10个字	○□ ☒□ △□			
	104	预测在日常生活中接下来要做什么事	○□ ☒□ △□			
	105	区别整个和半个东西	○□ ☒□ △□			
	106	数1–100个东西	○□ ☒□ △□			

语言发展领域

起点年龄	起点行为编号	行为目标	最初评价	完成目标 年、月、日	生理年龄	备注
0–1	1	反复发同一个单音	○□ ☒□ △□			
	2	模仿他人的声音	○□ ☒□ △□			
	3	模仿姿势	○□ ☒□ △□			
	4	用姿势表示服从简单指示	○□ ☒□ △□			
	5	听到说"不可以",立即停止活动	○□ ☒□ △□			
	6	用姿态回答简单的问题	○□ ☒□ △□			
	7	连接两个不同的单音	○□ ☒□ △□			
	8	虽然不懂也不模仿别人的话	○□ ☒□ △□			
	9	用单词呼称所见物品的名称	○□ ☒□ △□			
	10	应答别人的话音	○□ ☒□ △□			
1–2	11	说 5 个词	○□ ☒□ △□			
	12	用声音表示要求	○□ ☒□ △□			
	13	说"没有了"	○□ ☒□ △□			
	14	遵从口头指示,做 3 个简单动作	○□ ☒□ △□			
	15	听从"给我"、"给我看"等指示	○□ ☒□ △□			
	16	按照指示说出 10 个以上熟悉的物品名称	○□ ☒□ △□			
	17	按照指示说出 3–5 张图片或照片的名称	○□ ☒□ △□			
	18	指出自己身体的 3 个部位	○□ ☒□ △□			
	19	当别人问到时,能说出自己的名字或小名	○□ ☒□ △□			
	20	当问到"这是什么?"时,说出该物的名称	○□ ☒□ △□			
	21	用话语和动作表达需求	○□ ☒□ △□			
	22	说出除自己以外的家人的名字	○□ ☒□ △□			
	23	说出 4 个玩具的名称	○□ ☒□ △□			
	24	以动物的叫声教动物的名称	○□ ☒□ △□			

学习起点评价记录用表

续表

起点年龄	起点行为编号	行为目标	最初评价	完成目标 年，月，日	生理年龄	备注
1-2	25	看到喜欢的食品，要求孩子说出其名称	○□ ×□ △□			
	26	在提问时，提高语尾的声调，表示同意，许可等	○□ ×□ △□			
	27	说出娃娃或人体的3个部位的名称	○□ ×□ △□			
	28	用"是"、"不是"回答问题	○□ ×□ △□			
	29	能够表达"漂亮"、"好吃"等	○□ ×□ △□			
	30	理解"多"和"少"的意义	○□ ×□ △□			
	31	用名词与名词或形容词与名词组成包含两个词的句子说话	○□ ×□ △□			
	32	用一个名词加一个动词的短语来表达	○□ ×□ △□			
	33	教孩子用话语表示要大小便	○□ ×□ △□			
	34	回答"正在做……的是谁？"	○□ ×□ △□			
2-3	35	把"这儿"、"那儿"、"这边"、"那边"等表示地点的词与动词或名词组成有两个词的句子	○□ ×□ △□			
	36	说否定句"不"、"没有"、"不是"	○□ ×□ △□			
	37	回答"现在在做什么？"的提问	○□ ×□ △□			
	38	回答"＊＊在哪儿？"的提问	○□ ×□ △□			
	39	说出听到的声音是什么声音	○□ ×□ △□			
	40	在交谈中练习说自己的名字	○□ ×□ △□			
	41	指认常用物品并说出其用途	○□ ×□ △□			
	42	教孩子用手指表示年龄	○□ ×□ △□			
	43	识别并说出性别	○□ ×□ △□			
	44	按口头指示做两个连续的动作	○□ ×□ △□			
	45	使用助词"的"表达所有或所属	○□ ×□ △□			

续表

起点年龄	起点行为编号	行为目标	最初评价	完成目标 年、月、日	生理年龄	备注
2-3	46	问"这是什么?"、"那是什么?"	○□ ☒□ △□			
	47	根据不同的场合调节声音的大小	○□ ☒□ △□			
	48	使用"这个"、"那个"、"哪个"等代词	○□ ☒□ △□			
	49	使用"好像"一词	○□ ☒□ △□			
	50	依类别来区分物品	○□ ☒□ △□			
	51	用"我"、"我的"代替自己的名字	○□ ☒□ △□			
	52	用话语要求"再来一个"、"再添一碗"等	○□ ☒□ △□			
	53	安静地听5分钟故事	○□ ☒□ △□			
	54	按口头指示,完成两个不相关的动作	○□ ☒□ △□			
	55	问叫什么名字,要说出姓和名	○□ ☒□ △□			
	56	即使不被提醒,也能正确地说问候语	○□ ☒□ △□			
	57	回答"怎么办"的提问	○□ ☒□ △□			
3-4	58	说"然后怎么样?"、"后来呢?"催促孩子继续说下去	○□ ☒□ △□			
	59	使用表达过去、未来的用语	○□ ☒□ △□			
	60	提问并回答正在做什么	○□ ☒□ △□			
	61	用连词"然后"、"其次"等,把两个短语连起来说	○□ ☒□ △□			
	62	用话语表达时间	○□ ☒□ △□			
	63	按顺序叙述两件事	○□ ☒□ △□			
4-5	64	听从指示,连续做3个动作	○□ ☒□ △□			
	65	能够理解被动式的句子	○□ ☒□ △□			
	66	叙述熟悉的物品的用途	○□ ☒□ △□			

续表

起点年龄	起点行为编号	行为目标	最初评价	完成目标 年、月、日	生理年龄	备注
4–5	67	找出图片中不合理的地方	○□ ×□ △□			
	68	称呼"哥哥"、"弟弟"、"姐姐"、"妹妹"、"爷爷"、"奶奶"	○□ ×□ △□			
	69	说反义词	○□ ×□ △□			
	70	不看指定的图片讲讲熟悉的故事	○□ ×□ △□			
	71	说出不同类别物品的名称	○□ ×□ △□			
	72	说出开头音相同的词	○□ ×□ △□			
	73	说出声音的大小	○□ ×□ △□			
	74	说出自己家的住址	○□ ×□ △□			
	75	说出自己家的电话号码	○□ ×□ △□			
	76	理解"最多"、"最少"的意义	○□ ×□ △□			
	77	做容易的猜谜游戏	○□ ×□ △□			
	78	说日常做的事情	○□ ×□ △□			
5–6	79	玩"接尾令"	○□ ×□ △□			
	80	利用"如果..就.."进行会话	○□ ×□ △□			
	81	问"为什么?"并给予回答	○□ ×□ △□			
	82	把3–5张图片的内容构成情节讲故事	○□ ×□ △□			
	83	说明词的意义	○□ ×□ △□			
	84	回答"假如..就.."的提问	○□ ×□ △□			
	85	提问没听说过的词汇的意思	○□ ×□ △□			

社会行为领域

起点年龄	起点行为编号	行为目标	最初评价	完成目标 年、月、日	生理年龄	备注
0-1	1	追视在眼前移动的人	○□ ⊠□ △□			
	2	对大人的注意报以微笑	○□ ⊠□ △□			
	3	对大人的注意报以回声	○□ ⊠□ △□			
	4	一边看着自己的小手，一边对之微笑和发声	○□ ⊠□ △□			
	5	和家人在一起时，又微笑又发声，并停止哭泣	○□ ⊠□ △□			
	6	对母亲和别人的表情报以微笑	○□ ⊠□ △□			
	7	对镜子里自己的影像微笑和发声	○□ ⊠□ △□			
	8	轻轻拍拍或拉拉大人的头发、鼻子、眼镜等	○□ ⊠□ △□			
	9	伸手拿东西	○□ ⊠□ △□			
	10	向熟人伸手	○□ ⊠□ △□			
	11	伸手轻轻拍拍镜子里自己的影像或其他孩子	○□ ⊠□ △□			
	12	拿住物体，并至少玩弄1分钟	○□ ⊠□ △□			
	13	拿一件会发声的玩具，摇出声响来	○□ ⊠□ △□			
	14	能独自玩耍10分钟左右	○□ ⊠□ △□			
	15	当孩子被照顾时，他能注视大人2-3分钟	○□ ⊠□ △□			
	16	在大人工作地点近旁，愉快地独自玩上15-20分钟	○□ ⊠□ △□			
	17	发出声音引起他人的注意	○□ ⊠□ △□			
	18	模仿玩"藏猫猫"	○□ ⊠□ △□			
	19	模仿拍手	○□ ⊠□ △□			
	20	模仿挥手再见	○□ ⊠□ △□			
	21	模仿高举双臂	○□ ⊠□ △□			

续表

起点年龄	起点行为编号	行为目标	最初评价	完成目标 年、月、日	生理年龄	备注
0-1	22	拿玩具或食物给大人	○□ ☆□ △□			
	23	拥抱、轻拍或亲吻熟识的人	○□ ☆□ △□			
	24	听见叫名字，会寻找叫他的人，并伸手要人抱	○□ ☆□ △□			
	25	模仿挤压或摇动玩具，使它发出声响	○□ ☆□ △□			
	26	玩弄玩具或其他物品	○□ ☆□ △□			
	27	把玩具和物品递给大人	○□ ☆□ △□			
	28	模仿其他孩子玩的动作	○□ ☆□ △□			
	29	模仿大人做一些简单的事情	○□ ☆□ △□			
	30	与一个小朋友一起玩各种游戏	○□ ☆□ △□			
	31	与一个小朋友一起玩2-5分钟	○□ ☆□ △□			
	32	父母不在一旁时，可能有短暂哭闹，但仍能自己玩	○□ ☆□ △□			
	33	积极探索自己周围的环境	○□ ☆□ △□			
	34	与别人玩用手操作玩具的游戏	○□ ☆□ △□			
	35	玩抱玩具娃娃和布制玩具的游戏	○□ ☆□ △□			
1-2	36	反复做使大人感兴趣并引人注目的动作	○□ ☆□ △□			
	37	想让大人给念故事书时，把书递给大人	○□ ☆□ △□			
	38	接着别人看物品或看动作	○□ ☆□ △□			
	39	一看见危险事物，就缩回手来，并说"不可以"	○□ ☆□ △□			
	40	坐在椅子上等待别人满足他的要求	○□ ☆□ △□			
	41	与两三个小朋友一起玩	○□ ☆□ △□			
	42	按要求与其他孩子分享玩具和食物	○□ ☆□ △□			
	43	如被提醒，会用动作和话语向小朋友或熟悉的大人打招呼	○□ ☆□ △□			

续表

起点年龄	起点行为编号	行为目标	最初评价	完成目标 年、月、日	生理年龄	备注
2—3	44	父母的吩咐，半数会听从	○□ ×□ △□			
	45	能按指示从另一房间把东西拿过来或把他人叫过来	○□ ×□ △□			
	46	有兴趣的听5—10分钟音乐和故事	○□ ×□ △□			
	47	鼓励孩子说："请"、"谢谢"	○□ ×□ △□			
	48	试着帮助做些家务事	○□ ×□ △□			
	49	穿大人衣服玩化装游戏	○□ ×□ △□			
	50	从两件物品中选一件喜欢的	○□ ×□ △□			
	51	用话语来表示喜、怒、哀、乐	○□ ×□ △□			
	52	随着音乐唱歌跳舞	○□ ×□ △□			
	53	模仿其他孩子的动作，遵守游戏规则	○□ ×□ △□			
	54	不用提醒也会向熟悉的大人打招呼	○□ ×□ △□			
	55	在大人指导下，遵守集体游戏的规则	○□ ×□ △□			
	56	想玩小朋友的玩具时，说："借给我好吗"	○□ ×□ △□			
3—4	57	不必提醒，孩子有一半时间会说"请"和"谢谢"	○□ ×□ △□			
	58	用电话与人交谈	○□ ×□ △□			
	59	等待按顺序参加游戏或比赛	○□ ×□ △□			
	60	由年长幼儿指挥遵守规则的集体游戏	○□ ×□ △□			
	61	基本上（4次中有3次）能遵从大人的要求	○□ ×□ △□			
	62	在室外指定场所做游戏	○□ ×□ △□			
	63	自己玩，有时与其他孩子玩并互相说话，约30分钟	○□ ×□ △□			
4—5	64	需要帮助时，能求助于近旁的人	○□ ×□ △□			
	65	能加入与大人的谈话	○□ ×□ △□			

续表

起点年龄	起点行为编号	行为目标	最初评价	完成目标 年,月,日	生理年龄	备注
4-5	66	在众人面前唱歌、跳舞	○□ ✕□ △□			
	67	独自做20-30分钟的家务事	○□ ✕□ △□			
	68	不用提醒，基本上会向人道歉（4次中可有3次）	○□ ✕□ △□			
	69	与8-9个孩子一起做需要按次序玩的游戏	○□ ✕□ △□			
	70	与2-3个孩子合作玩20分钟左右	○□ ✕□ △□			
	71	不在人前做使人讨厌的事	○□ ✕□ △□			
	72	使用别人的东西，要先得到别人的允许	○□ ✕□ △□			
	73	用话语表达自己的喜、怒、哀、乐	○□ ✕□ △□			
	74	即使大人始终不在场，也能与4-5个孩子合作做游戏	○□ ✕□ △□			
5-6	75	向其他孩子说明游戏的玩法或游戏规则	○□ ✕□ △□			
	76	利用大人的衣物，做扮演大人的游戏	○□ ✕□ △□			
	77	进餐时，让孩子参与席间谈话	○□ ✕□ △□			
	78	玩猜谜游戏	○□ ✕□ △□			
	79	当小朋友遇到困难时，给予帮助	○□ ✕□ △□			
	80	选择自己的朋友	○□ ✕□ △□			
	81	自己确定目标，并由自己实现	○□ ✕□ △□			
	82	自己扮演故事中的一部分角色，或让木偶扮演	○□ ✕□ △□			
	83	在公共场所不打搅别人	○□ ✕□ △□			

发展领域学习起点动态示意曲线

学习起点	必要感知刺激领域行为编号	认知发展领域行为编号	语言发展领域行为编号	社会行为领域行为编号	学习起点曲线填写时间标注
5-6					
4-5					
3-4					
2-3					
1-2					
0-1					

（请老师或家长将每次评价每一领域最后通过的编号，顺次填写到对应领域及对应的学习起点年龄的空格内，再顺次以直线连接不同领域在每次评价时最后通过的行为编号，构成该聋儿阶段性学习起点曲线，并在最右侧的表格内注明每条曲线绘制的时间。）